非常事態・緊急事態と議会・議員

自治体議会は危機に対応できるのか

新川達郎（同志社大学政策学部教授）
江藤俊昭（山梨学院大学法学部教授）

公人の友社

目　次

はじめに（新川達郎）…………………………………………………………… 6

序章　危機状況で浮上する議会の役割（江藤俊昭）………………………… 13
序－1　危機状況で明確になる「必要緊急」な議会活動……………… 14
序－2　危機状況に問われる議会改革のもう一歩……………………… 19
序－3　新型コロナウイルス感染拡大に議会はどうかかわるか……… 24

第1章　議会の防災対策：防災から減災へ（新川達郎）………………… 31
1－1　「防災計画」と危機管理は誰の責任なのか …………………… 32
1－2　災害対策の政府間関係と制度……………………………………… 36
1－3　議会の災害対応と危機管理
　　　：リスクガバナンスの担い手としての議会 ……………………… 46
1－4　議会災害対策の体系的整備と
　　　　　大津市災害等対策基本条例の制定……………………………… 54
コラム　議会と防災訓練……………………………………………………… 58

第2章　議会の危機管理
　　　—フェーズによる対応、危機管理体系—（江藤俊昭）……………… 61
2－1　自然災害・事故だけでなく、感染症危機への議会対応も！ … 62
2－2　危機状況を見る目：住民自治を進める上での前提 …………… 65
2－3　二元的代表制の充実度は危機状況下で明確になる
　　　：フェーズⅠでの議会の作動 ……………………………………… 70
2－4　専決処分の限定とそのルール化を………………………………… 78
2－5　議会の危機管理体系………………………………………………… 83
2－6　危機管理のガバナンス……………………………………………… 88

第3章　パンデミックと議会（新川達郎）……………………………97
3－1　新型コロナウイルス感染症流行と危機管理………………………98
3－2　感染症対応とこれからの議会改革…………………………… 109
3－3　感染症対策に関する地方財政と議会の役割………………… 113

第4章　BCPと議会（新川達郎）…………………………………… 125
4－1　自治体議会の業務継続計画……………………………………… 126
4－2　大津市議会における全国初の「議会ＢＣＰ」策定について… 133
4－3　岩手県議会における業務継続計画について………………… 140
コラム　大津市議会業務継続計画（議会ＢＣＰ）作成に参与して … 146

第5章　災害復興と議会（新川達郎）……………………………… 147
5－1　災害予防・救援・復旧・復興における議会 ………………… 148
5－2　震災復興と議会・議員の役割 ……………………………… 160
5－3　復興計画のガバナンス：東松島市の取り組みから ………… 168
5－4　非常事態と復旧・復興に向けた議会・議員のあり方 ……… 175
コラム　災害時の契約と議会の監視機能 ………………………… 183

第6章　危機状況から考える法制度改革
：オンライン議会の可能性（江藤俊昭）……… 185
6－1　危機状況での議会改革をめぐる2つの「気づき」………… 186
6－2　法改正を考える視点……………………………………………… 188
6－3　ウェブ議会活用の視点と可能性………………………………… 191
6－4　危機状況下の定足数……………………………………………… 199
6－5　危機状況下の選挙制度…………………………………………… 201

資料　総務省行政課長による通知ほか……205
【資料1：総務省「新型コロナウイルス感染症対策に係る地方公共団体における議会の委員会の開催方法について」】……206
【資料2：早稲田大学マニフェスト研究所「オンライン本会議の実現に必要となる地方自治法改正を求める意見書(案) ver2」】……207
【資料3：全国都道府県議会議長会（2020）「今後の地方議会・議員のあり方に関する決議－地方議会が直面する喫緊の課題への対応－」】……208
【資料4：第32次地方制度調査会「2040年頃から逆算し顕在化する諸課題に対応するために必要な地方行政体制のあり方等に関する答申」】……209

終章　議論すべき骨太のテーマと手法：「ビフォー・コロナ」に戻るべきではない！（江藤俊昭）……211

おわりに（江藤俊昭）……217
初出一覧……222
著者略歴……224

はじめに

災害対策は執行機関の権限という風潮

かつて地方自治体の議会や議員は、自然災害や大事故が発生しても、自らの問題とは考えず、事後的に執行機関の対応に関する責任追及をもっぱらとしてきた。それだけではなく、議員個人が災害対策に当たる執行機関の活動に介入して個別の要求を繰り返し、救援活動や復旧活動の障害となることすらあった。その背景には、災害対策が基本的には執行機関の権限であり、長を中心に効果的かつ迅速に進められることが当然と考えられる風潮があったといえる。

しかしながら地方分権改革によって地方自治体の責務が再認識されるとともに、議決機関としての議会の役割についても自覚と改革が重ねられるようになってくると、非常事態や緊急事態に対する議会の責務の考え方も徐々に変化してきたといえる。とりわけ、2011 年3 月11 日の東日本大震災と津波の被災は、災害時の議会の役割を考え直させる重大なきっかけとなったのである。

地方分権改革は地方自治体の責務を強化し、その中での議会としての意義を考え直させることになった。そして議会自身によって議会活動の理想が追求されるようになっていったのである。そうした動きは議会基本条例の制定や議決事件の追加などに広く見られるが、災害にかかわる非常事態や緊急事態への議会としての対応についても同様に全国の過半の議会で自主的な対応が考えられるようになったのである。

議会としての災害対策は、各議会において様々であるが、少なくとも災害に対して議会として行動することを旨として、議会や議員そして議会事務局職員の安全を確保すること、執行機関の災害対策と適切な連絡体制や連携協力を構築すること、そのための議会としての非常時の組織体制を整備することなどが進んだ。議会災害対策要領の策定、行動マニュアルの作成、そして災害事態における議会災害対策組織の設置などが、当然とされるようになってきた。

議会と議員のあり方を見直す主体的な動き

東日本大震災においては、防災計画が機能せず救援や復旧に手間取る間に被害が拡大した。想定外の大災害に対して、国も地方も執行機関はその限界を、そして議会はその無力を露呈することになった。もちろん議会自身もその施設の損壊があり議員にも被災があった。東日本大震災のようなこれほどの大災害に直面して被災しないなどということはあり得ないが、その一方では、被災の程度を軽減することや、少なくとも人命を守ることはできないかという問いかけも始まった。住民代表機関としての議会は、議会と議員のためではなく、住民のために被害の程度をできるだけ小さく限定すること、そして被災している期間を可能な限り短くすることができないか、そのために議会として何ができるのかを考えることになった。これらの問いかけは、その後の議会における災害対策の基本となっていったのである。

別の言い方をすれば、これらの活動は地方自治体として、そして議会としての危機管理（リスク・マネジメント）であり、災害事態を想定しつつ予防をし、否応なく発生する非常事態に対処して救援や避難を行い、速やかに復旧、復興を遂げることが、執行機関は当然としても、議会においても目指されることになった。ところが、災害対策基本法に基づいて各地方自治体で策定される地域防災計画もまたその執行においても、近年の災害事態に対応した改正が適宜加えられてきたが、法令レベルでは相変わらず地方自治体の防災は執行機関中心であり、議会の権限は全く無視されたままであった。

現実には、地域社会が破壊し尽くされてしまうような未曽有の大災害に対して、議会が全く無関係であり続けることなど考えられない。また局地的な災害であれ、地域住民の生命や健康、そして財産に大きな被害を発生させるとすれば、住民代表機関としての議会は、住民福祉の観点からこれを見過ごすことはできない。地方自治の現場から議会と議員のあり方を見直す主体的な動きが生まれ始めたのである。地方自治体は、住民の安全安心を守ることをその使命としているが、それは執行機関によってのみ達成されるのではなく議会を含めた地方自治体として目指すべき目標であり、そのための議会や議員の活動の在り方が検討されるようになったのである。

危機事態と議会

もちろん現実には様々な危機事態が頻発し、大きな被害をもたらしている。地震、津波、台風、豪雨水害、火山噴火などの自然災害を始めとして、原発事故や火災など事故災害そして感染症の大流行など枚挙にいとまがない。それらの災害は、産業経済が発達して都市化が進んだ社会においては、きわめて大きな被害を与えることになる。このところの阪神淡路大震災、東日本大震災津波、熊本地震、西日本豪雨、九州北部豪雨、そして新型コロナウイルス感染症は、多くの人命を奪い、財産を破壊し、社会経済の仕組みに甚大な損害を与えている。

様々な災害に対して防災や防疫などによって、災害を未然に防ごうとする努力が重ねられているが、完全な予防は困難である。むしろ、迅速な救援や復旧そして復興、あるいは治療や快癒を果たし、そしてそれらの災害事態を乗り越えた地域の安寧が求められているのである。こうした活動を地方自治体の執行機関のみが担うことには無理があるというのは、共通した認識であろう。非常事態あるいは緊急事態に対しては、地方自治体の総力を挙げて対応しなければならない。議決機関も執行機関も、また関係する公共的な機関も含め、そして公共部門だけではなく民間部門も共に、連携して災害に対応しなければならない。議会は部外者ではなく地方自治体の中にあって、権力分立原理に従いながら災害問題に対処する一翼を担うのである。議会や議員は、執行機関の災害対策の障害にならないという消極的な対応ではなく、住民代表として積極的に働くことが求められているといえよう。

もちろん、議会が執行機関と同じ責務や権能を持って働くというのではない。実施部門を持たない議会は政策決定機能や監視機能においてその責務を果たすことになる。その前提として議会とその議員そして議会事務局職員の安全が確保され、議会機能が維持されていくことが必須となる。その基盤があってこそ、議会は住民の安心安全を確保して住民福祉を向上させるために、地方自治体としての政策決定や行政活動の監視において適切に働くことができるのである。

改めて問いかけるなら、地方自治体の議会は、相次ぐ災害に直面する中で、その役割を十分に果たすことができているのであろうか。非常事態や緊急事態が多発する現代社会において、国も地方も防災対策や防疫対策に懸命であるが、議会と議員は議決機関としての重責を果たし住民自治に貢献するためにも主体的かつ積極的に災害対応を進め、議会としての機能を発揮していかなければならない。

以上の問題意識から、本書においては、自然災害などの非常事態あるいは感染症流行などの緊急事態に際して、地方自治体の議会がどの様に対処すればよいのかを先行事例を踏まえながら、実践的にまた理論的に検討することにした。

本著の構成

本著の構成としては、序章、第1 章から第6 章、そして終章からなっている。序章では本書の問題意識を明らかにし、第1 章と第2 章は、総論として災害や感染症への対応について、その危機管理と議会の関係を論じ、第3 章から第6 章は感染症流行や地震津波などへの具体的な対処について、また議会業務継続計画（議会ＢＣＰ）やオンライン議会による対応などを実践的に論じ、終章では危機事態が頻発する中での今後の議会改革の課題を論じている。そして巻末には関連する資料をまとめて掲載している。

序章では、新型コロナウイルス感染症が拡大する中での議会の動向と危機状況での議会の役割の基本的な考え方を確認する。自治体の役割とともに、首長等とは異なる議会の役割も再確認された。危機状況において議会は二極化した。右往左往して議会の役割を発揮できない議会もあれば、議会改革をすすめている議会は、危機状況でもその役割を発揮し作動していた。議会活動は不要不急ではないことを確認する。

第1章は、議会の防災対策について、関連する制度や基本的な考え方を整理し、改めて地方自治体の議会の位置づけや役割を明らかにした。議会や議員が災害対策において基本的に法制度上の位置づけがなく、そのためにこそ議会独自の防災対策が体系的に組み立てられるべきこと、またその際の基本的な視点として防災ではなく減災に視点を移すべきことを指摘している。

第2章は、迫りくる危機状況を自然災害と感染症災害とを区分しつつも、その災害が発生した場合の議会の対応について検討している。フェーズ（災害規模の局面）やケース（開会中・閉会中）などの軸を設定しながら議会・議員の活動を考えている。

第3章は、新型コロナウイルス感染症の大流行に直面して、国と地方自治体がいかに対処してきたのかを明らかにするとともに、この危機事態に対して議会がいかに対処しうるのかを検討している。直接の防疫活動をしない議会がパンデミックの中でいかに危機管理をしていく必要があるのかを論じている。

第4章は、東日本大震災以降、関心が広がった地方自治体における業務継続計画（ＢＣＰ）が議会でも検討され、少数ながら議会ＢＣＰが策定されている実態を踏まえ、その策定の意義や効果について明らかにしている。議会は、いかなる危機事態に際しても議決機関としてのその本来機能を果たし続ける必要があり、そのために議会ＢＣＰが必須となっていることを論じている。

第5章は、地震津波災害など自然災害の発生に対して議会がいかに対処しうるかを検討している。非常時の救援、その後の復旧や復興において議会が果たすべき役割は潜在的に大きいのであるが、それらは主として国と地方の行政内部において処理されている。こうした非常災害事態からの地域の回復に議会がいかに行動すべきかを論じている。

第6章は、危機状況の中で浮上した法律改正の課題について論述している。オンライン会議が社会で広がっているが、議会の可能性を探る。議会の委員会・協議会あるいは非公式の会議などで活用され始めた。本会議では自治法改正が必要である。そのほか、今後議論すべき課題として定足数や選挙日程をとりあげている。

なお、終章では新型コロナウイルス拡大を踏まえて今後議会として議論すべき重要なテーマについて提起している。議会は討議する重要な空間である。地方創生の議論とともに、田園回帰や地産地消など、従来とは異なるテーマを掲げて議論を巻き起こす必要性を指摘している。議会の役割は、地域社会の新たなテーマを巻き起こすことでその存在意義をさらに高める。

また「資料」としては、災害対策において議会がかかわるいくつかの重要問題に関する総務省の通知や研究機関が明らかにした意見書、全国都道府県議会議長会の決議、また地方制度調査会の答申等の資料を集めている。

以上のように本書は、非常事態・緊急事態が頻発する現代において、地方自治体の議会が、いかに対処すべきか、また議会の本来的権能を発揮できる環境をいかに整備するべきかを、先進的な事例を含めて検討している。これからの議会において、非常事態や緊急事態への対処は喫緊の課題であり、議会としての危機管理の在り方の議論は不可避となっている。そうした議論を踏まえた議会制度改革や議会運営改革を通じて議会が議会としての災害対策を進め、危機管理を機能させていくとき、議会はその本来的な責務を果たすことになる。本書がそうした検討のための一助となれば幸いである。

（新川達郎）

序章

危機状況で浮上する議会の役割

序－１　危機状況で明確になる「必要緊急」な議会活動

序－１－１　機敏に対応する自治体

危機状況において、国だけではなく、都道府県知事や市町村長のさまざまな独自対応に注目が集まっている。新型コロナウイルス対応の特別措置法が、都道府県知事に具体的な役割を設定していることもあるが、そもそも地域特性に適合的な政策が不可欠だからである。緊急事態宣言が発出される前から、知事の中には国に先駆けさまざまな対応を行った者もいる。同時に、内容は賛否両論あるが９月入学の検討などは「闘う知事会」の復活とも映った。

市町村においても、限られた資源の中で独自の対応を模索した。自治体は、医療関係者、幼児・生徒・学生、飲食業、その他の中小事業者等に対してパックにした支援策をまとめ、わかりやすく資料提供すべきだ。自治体は多様な政策実現の重要なアクターである。住民の声に機敏に反応できる自治体だからこそ地域特性に即した政策実現が可能だ。まさに、地方分権の実質化である。

序－１－２　政治の重要性と議会独自の役割

危機状況には首長（主導）政治だけではなく議会政治の役割がより高まる。

今回の政策判断にあたって、少なくとも二つの軸がある。第１は、「規制強化（たとえば、ロックダウン）―地域の疲弊防止（経済活性化）」の軸（広範囲な検査によって陰性の国民は活動可という第３の道も）である。感染防止のためには、人との接触遮断（「要請」）を広範囲・長期に行うことがベターだ。すると、地域が疲弊し、経済活動の早期再開を目指す議論が出てくる。そのせめぎ合いをどこに着地させるか。

第２は、「積極的財政―緊縮財政」の軸である（終息後の税収増、増税を目指す道も）。支援策（医療体制を含む）を緊急かつ大胆に実施するか、その際の財源補償を重視するかといった論点である[1]。

国や都道府県だけではなく、市町村を含めてこの「決断」をしなければならない。とりわけ都道府県では、第1と第２の軸双方が、市町村においては、第2（時には第1)の軸が主要な争点として浮上する。まさに、自治体政治が重要である。

危機状況においては、政策実施の実質的なスピードが重視される。「統括代表権者」(自治法147)、執行機関の長（自治法148、149)、(問題はありながらの）専決処分権者（自治法179)、予算調製・提出権（自治法149）といった権能を有する首長政治がクローズアップされる。首長が的確でスピードのある判断をすることが危機緩和にとって重要だ。独任制はそれを可能にする。

とはいえ、首長の行動にも課題はある。その権能により問題が発生するからだ。危機を梃子に、国論を二分するような課題を実現しようとすることも想定できる（日本でも国政では憲法改正論が浮上したし、ワイマール・ドイツでは独裁政権を創り出した）。そこまで行かなくとも、既に指摘した権能を駆使しながら、首長は多様な政策を実現する。とはいえ、執行機関は緊急時の対応に追われる。いわばアップアップの状態になる。独自政策を提起できない首長は論外だとしても、矢継ぎ早に政策を提示し実現する際に、指摘した二つの争点軸（規制強化か経済活性化か、積極的財政か緊縮財政か）を視野に入れつつ整合性（従来の政策）・総合性（偏りはないか）・財政（財政負担を今後どうするか）が問われる。場当たり的な首長政治、極論すればポピュリズムに揺れる構造となっている。

こうした可能性を是正するために、多様な利害を調整し統合する議会の役割が浮上する。議会活動は不要不急ではけっしてない。危機状況において、議会による政治の役割はより重要となっている。

序－１－３　「住民と歩む議会」の再構築

そのためには、「住民と歩む議会」の危機状況バージョンが必要だ(2)。まず、自然災害時に議員は地元住民として活動すると同時に、居住区や関係団体から情報や要望を入手して、行政に直接ではなく議会にそれらを集約させ、必要があれば行政に対して情報提供・政策提言をする。基本的には感染症の危機状況の場合も同様であるが、人との接触は限界がある。そこで、自治会町内会・関連団体・支援者に対して電話、ファクス、メール等によって情報を積極的に得ることになる。

また、議会として議会報告会等により情報や要望を得たいところだが、感染症の場合、開催を控えることになる。ここでも、電話等による情報・要望の集約を今まで以上に行うことを広報することが必要だ。市民との意見交換会を中止した福島県会津若松市議会は、市民の声を電話、ファクス、メール等で受け付けることを同時に発信している。なお、オンライン会議が注目されるが、議会（委員会）としてオンラインで住民と語ることはできる。議会報告会等を中止したとしても、それに代わる住民との接点を創り出さなければ、それらの活動が「不要不急」であることを議会が認めたことになる。

執行機関が危機対応にしっかり取り組んでいる状況で、議会は地域のさまざまな情報・要望を集約して提言する重要な別の役割を担う。「住民に寄り添う」とは、まずもって住民の声を真摯にすくい上げることだ。「やっている感」を出すためだけの議員報酬・期末手当の削減から出発することは、まさに議会の自殺行為である。かりに削減する場合でも充実した活動を行った上でなければ、住民から何のための議会かが問われ、議会不要論に拍車がかかる。

序－１－４　日頃のネットワークが活きる

先駆議会は、危機状況でもその軌道から外れていない。その議会は、議員、事務局職員、そして住民の努力に支えられている。同時に、議員や議会事務局職員は全国的なネットワークを創り出し善政競争の要素をともなっていた。

今回の危機状況の対応においても、このネットワークが役立った。筆者がコメンテーター等としてかかわったオンライン会議では、情報交換や課題が議論された(3)。

議会事務局研究会でも、議員報酬削減の時期・対応、専決処分等をめぐる質問と回答がメーリングリストを賑わせている。議会ＢＣＰの策定・実践で知られる大津市議会と岐阜県可児市議会は（まず個人的関係から、その後組織間）協力して感染症を念頭においた議会ＢＣＰの改定を目指している。

日常的な議会活動とともに、日常的なネットワークが緊急時に活きる。なお、こうした議員・議会事務局職員のネットワークだけではなく、地方６団体がその特性を活かして情報共有や国に対する政策提言をするべきであろう。それぞれの議会は、議会間交流を推進するとともに、議会として国に意見書等を提出することが必要である。

それぞれの議会の努力とともに、こうしたネットワークが自治を進める。この視点からすれば「新型コロナウイルス感染症対策に係る地方公共団体における議会の委員会の開催方法について」(4月30日付)が総務省自治行政局行政課長名で通知された経過には違和感がある。委員会出席は不要不急にはあたらないこと、新型コロナウイルス感染拡大によって議員の参集が難しい場合に、条例や会議規則等の改正によってオンラインによる開催は可能であり、本会議は、自治法上不可であることも通知されている。基本的には同意する。報道では「通知は新型コロナウイルスに限定した措置」ということだが、公開原則を踏まえつつ危機状況では可能とすることを会議規則等で規定することも可能だと思われる。また、複数の自治体から問い合わせがあったことで通知が出された（『朝日新聞』2020年5月2日）。問い合わせもいいが、それぞれの議会で考えることが必要である。危機状況において、総務省に「お伺い」する姿勢の是非を問いたい。

議会改革は、地方分権改革の申し子であると同時に、地方分権を進めた。議会基本条例に刻まれた「最高規範性」は、憲法、法律、法令の条文を解釈する基準としても設計された(4)。ネットワークを活用しながら、創造的に自治を進めたい。

注

(1)　債権、基金取り崩し、予備費、寄付、ふるさと納税、歳費・給与・報酬削減、及び国からの交付金が主に財源となっている。なお、積極的財政派は、ポスト新型コロナの経済活性化による税収増を想定している場合もある。

(2)　「住民と歩む議会」では、広聴を重視しているが、同時に不安な住民に対する広報を体系的に行う必要がある。

(3)　市民と議員の条例づくり交流会議／自治体議会改革フォーラム共催（2020年3月29日、5月11日）、ＬＭ推進ネットワーク九州主催（５月15日）、ローカル・マニフェスト推進連盟主催（５月20日、６月13日、７月１日）、岐阜県可児市議会の議会BCP改定検討会（７月20日）。

(4)　たとえば、北海道栗山町議会基本条例第23条第２項。なお、「禁止されていないものは自由にやっていいのか」という問いに、総務省行政課長は「具体的には、個別に考えなければいけませんけれども、一般論としてはそういうことになります」（第29次地方制度調査会第11回専門小委員会議事録）と答えている。総務省が法令の解釈権を有しているわけではないが、本著と同様な視点である。

序－２　危機状況に問われる議会改革のもう一歩

序－２－１　二極化した議会

新型コロナウイルス感染拡大による政治・経済・社会の危機は、議会の質をあぶり出し、議会改革の二極化が明確になった。

2020年第1回定例会での一般質問・傍聴の中止や、新年度に入って補正予算や条例の「長による専決処分」が矢継ぎ早に行われたのは、今日の議会改革を踏まえていない。それに対して、危機状況の中で委員会等を立ち上げ、首長にその対応を豊富化する提言を行っている議会もある[(1)]。議会は、危機対応を重視する執行機関とは異なる。多様な議員によって構成される議会の特性を踏まえた活動が輝く。まさに、議会改革の質がこの危機で問われた。

危機状況下で、危機管理体系の再検討を進めることは重要である。これについては、さまざまな実践があり、豊富化される。同時に、新たな議会を創造するための今後の課題も明確になった。その課題を探る。

序－２－２　議会運営を問う

危機状況では執行機関はその対応に追われる。議会として、冷静な分析もせず「危機、危機」と叫ぶだけで一般質問中止や専決処分の容認など、「議会の簡略化」を進めるのは議会の自殺行為である。

議会運営には首長等の執行機関の出席が不可欠だと思い、「議員にとって最もはなやかな場」としての一般質問や、執行機関への質疑が行われてきた。しかも、議案審査よりも一般質問を重視することが従来の議会運営ではなかったか。首長が議会を招集することもこれを加速化させる。

こうした議会イメージであれば、危機状況では執行機関の作動を邪魔しないことを優先する。右往左往した議会は、まさにこの状況である。

筆者は、この議会イメージの転換を提案している（特に「自治体議会学のススメ」『ガバナンス』2019年10月号から）。もともと、議会は議員（及び傍聴者）によって構成される。まず確認すべきは、執行機関頼りの議会運営から脱却することだ。議案審査は、「わからないことを聞く」レベルの質疑ではない。議案審査は修正・否決を含んでいる。議員同士の議論に基づく審査が基本である。質疑は提案ではないといわれるが、対案に基づくものが前提となるべきである。そのため執行機関の出席は限定的になる。

また、筆者は一般質問の意義は認めるが（少数意見を集約・表出）、一般質問重視型の議会運営に対しては疑問を呈してきた。将来の提案である（暴露ものは短期）一般質問は、地方自治法にも規定されていない。議院内閣制の国会を模写して地方議会でも「はなやかな場」だと、議員も住民も思い込んでいる。議決責任の議案審査の重要性を再確認するとともに、その運営を転換させることが重要である。質問も委員会の所管事務調査を踏まえたものであれば、大きな影響力となる。危機状況で一般質問をまとめて代表者が行うことを検討した議会があった。これは、個々に分断化されていた一般質問の意味を転換させる。危機状況は、議会イメージを転換する機会だ。

序－2－3　議場を問う

議員が参集するのは、議場となっている（全国三議長会「標準会議規則第１条」）。たしかに、議場は神聖なものである。とはいえ、住民と議員が参集する議場は、もう一方で住民に近づく必要がある。議会閉会中はホールとして活用する「議場」もある（併用）。出前議会の試みもその一つである。非公式の出前議会ではなく、本会議や委員会などの活用も考えられる。とりわけ危機状況（自然災害はもとより感染症危機でも）では、第2の議場、第3の議場を想定するべきだ。

序－2－4　集合型運営を問う

ウェブ議会を緊急時だけではなく、通常状況でも活用する手法を確認したい。「傍聴」の可能性の有無（自治法130）、及び「参集」の場所（標準会議規則1）が論点となる。筆者は、議会は議員が参集して討議することだと考えている。とはいえ、議会運営の効率化に活用できるし、危機状況で必要な場合がある。危機状況で参集できない場合や、高齢者や持病を有している感染リスクが高い場合はぜひとも必要だ。通常でも病気や出産で出席できない場合や、過疎地域において参集する時間的余裕のない場合など、状況にあわせて（議論する手段として）部分的に活用することは必要だし、できる[(2)]。

筆者はできるだけ議会の会議を公開することを提案してきた（自治法上、あるいは会議規則上）。その議論と矛盾しているが、公開原則（傍聴と議事録公開）には、「本会議のみ」に適用されるという解釈もある。

そうであれば、住民が容易にアクセスできる（観られる）環境を整備した上で危機状況ではウェブ議会（委員会、調査会等）の活用もできる（規則等で規定）。なお、非公式の会議（会議規則上規定していない会議）では、まったく問題ない。ただし、住民がアクセスしやすい環境を整備することが不可欠である。「参集」は、条例・会議規則事項であるが、これを前提とした議会を地方自治法はイメージしている。そのイメージの変更も模索すべき時期である。

序－2－5　定足数を問う

本会議・委員会でも、定足数を充足して会議を進め（会派等で調整して、出席しない議員はネット中継で「観戦」）、表決や自ら発言する場合に議席に着座して参加することは運用で可能である。衆議院では、4月10日以降の本会議と委員会では、会派の判断でよいことになっているが、定足数を確保しつつ採決以外では離席を認め、離席議員は議員会館等で中継を観て、採決時には議場に集まるようにした(3)。

定足数を下げること（3分の1)、あるいは開議定足数を3分の1以上・表決定足数を2分の1以上にすることを議論してよい(自治法113の改正)。国会の開議・表決の定足数は3分の1以上である（憲法56)。

危機状況での議会運営として今後検討する必要もある。もちろん、定足数を下げても、議員の欠席を肯定するものではない。

序－２－６　緊急事態宣言下の選挙を問う

議員も首長もその任期の終了前には、新たな選挙が行われる。危機状況であっても、そうである。感染症拡大下の選挙では、開かれた選挙運動を模索する必要がある。投票にあたっては、投票用紙、鉛筆等の消毒、投票所の換気等の準備が必要である。同時に、握手はできないといった選挙運動にも影響が出ている。インターネットを活用した政策競争が必要だ。公開討論会や個人演説会もインターネットの活用で開催可能だ。

なお、選挙にも例外はある。大震災にあたっては臨時特例法が制定されれば、延期が可能となる(4)。感染症拡大にともない公明党は「地方選挙の延期を可能とする議員立法の検討に入った」(『朝日新聞』2020年4月10日付)。ただし、「選挙は民主主義の基本で」変更しない考えもある（同、岸田文雄自民党政調会長)。

筆者は、行政機能が壊滅的打撃を受けていない以上、選挙日程は通常通りであるべきだと考えている。任期はまずもって民主主義の基本だからである。その上で、公平な選挙戦が可能になるさまざまな取組みを模索すべきだ。選挙運動の自粛等だけでは、新人は政策を打ち出す機会が制限され現職有利になる。

なお、現時点（2020年7月)では行政機能が壊滅的打撃を受けていないとはいえ、そうなる場合も、また臨時特例法を制定したくとも、国会が開催できない時期も想定できる。厳格な規定をおいた上で一般法（公職選挙法）に例外規定を挿入すること、及び電子投票を慎重に検討したい。

今回の危機状況において「議会の危機管理」を再考するとともに、従来の議会のイメージを転換させ今後の議会を考える機会としたい。

注

(1)　たとえば、長野県飯田市議会は、危機状況ですぐに災害対策本部に対して数度にわたって緊急提言を行い、また茨城県取手市議会は、感染症対策本部に対して9つの提言と4つの調査事項を提言した。後者は、調査事項を求めたことも特徴的で、提言には内容と提言に至った背景が記されている。

(2)　取手市議会は、オンライン会議で成果をあげた。

(3)　この「出席制限」には、議員の出席は責務という理由から反対意見もあった。参議院の本会議では、席を離すことで全議員が出席する方針を確認している。『朝日新聞』2020年4月10日付、参照。

(4)　「阪神・淡路大震災に伴う地方公共団体の議会の議員及び長の選挙日程等の臨時特例に関する法律」、「平成23年東北地方太平洋沖地震にともなう地方公共団体の議会の議員及び長の選挙期日等の臨時特例に関する法律」に基づいて延期された地方選挙もある。また、災害などにより繰延投票は法律で規定されている（公選法57①）。

序－3　新型コロナウイルス感染拡大に議会はどうかかわるか

序－3－1　感染拡大にともなう議会の動向

新型コロナウイルス感染拡大にともなう議会の対応が問われている。2020年第1回定例会（3月議会）の対応について「一般質問の中止相次ぐ『議員の大切な権利』疑問の声も」（『東京新聞』2020年3月8日）、「傍聴中止、議事日程の短縮…地方議会運営に試行錯誤」（『山梨日日新聞』2020年3月18日（共同通信配信））といった報道がなされている。

また、「第1回定例会（3月議会）の運営の状況（特に一般質問の中止）が波紋を呼んでいる」ことを念頭に、『地方議会人』（全国市議会議長会・全国町村議会議長会編集）は識者にコメントを依頼している。その寄稿文の一つは「議会として首長を信じ、執行権を持つ首長にコロナウイルスへの対応を優先させ、議会を開かないとする判断も、決してとりえないものではない」と結論づけている(1)。

筆者は一般質問や傍聴の中止に疑問があり、議会は極力開催すべきだと考えている。そこで、危機状況における議会の役割を確認したい。その際重要なことは、危機状況を判定し、それに適合的な議会運営を探ることである。これは、二つの意味を含んでいる。

一つは、危機状況といってもさまざまな段階（フェーズ）があることである。「危機だ、危機だ」という危機の強調だけでは民主的統制など議会の役割も疎かになる(2)。もう一つは、冷静に判断しつつ、その対応として日頃の議会運営（行政への監視・提言、それに適合する議会改革の作動）を応用することである。両者は連動している。つまり、危機状況の段階を把握しながら、行政をサポートする議会が問われる。

序－３－２　危機状況における議会の役割

危機状況における議会の役割として少なくとも議論しなければならない論点は、二つ（プラス1）ある。汚染拡大やそれに基づく連鎖的な問題群への行政対応、具体的には地域政策と組織・手続きを議会が検証して提言すること、及びそれへの議会のかかわり方を検証し改革を模索すること（プラスとして国への要請）である。

その際、時間軸の設定が必要である。危機状況の段階を考慮することだ。以下に確認する行政が壊滅的ではない危機状況ならば、【議会運営の検証と改革】及び【行政に対する提言】を率先して行い、【行政の対応の監視・検証】は大雑把（いわば「ざっくり」）にならざるを得ない（行政の動きを停滞させないように注意、ただしこの強調しすぎは議会・議員の活動範囲を狭める）（**表 序－１**参照、詳細は第6章）(3)。

ここで強調したいのは、従来行っている議会改革の応用であって、それとまったく関係のないことを議会として取り組むわけではないことだ。危機状況を冷静に判断し、その上で議会の作動を具体的に議論する必要がある。

序－３－３　危機状況の認識

そこで、危機状況を確定しておたい。危機状況の中には、大規模地震、豪雨によって自治体機能が停止する場合もある。治療薬が未だ発見されていないウイルス拡散への危機であって、緊急事態宣言を行っている国や自治体も散見される。ただし、日本では現時点で衣食住は少なくとも供給されている（自治体閉鎖ではない）。長期化する可能性があるとはいえ、行政も議会も作動できる。

表序－1　議会の役割（再考）

【行政への対応】	【議会運営の検証と改革】
①行政の対応の監視・検証 ②行政に対する提言	③行政への監視・検証・提言 ④住民と歩む議会の検証・改革 ⑤国への要請（意見書等）

注1：平常時には、これらすべてを力点の濃淡はありながらも行う。危機状況では、一般的には、②が優先されるがそのためには③④を作動させる。
注2：大規模地震・豪雨のような危機状況と近い段階もあり得る。その場合、議会版ＢＣＰが想定しているように、現状把握から出発する。

2020年第1回（3月）定例会（定例月会）の特例を提案したのは、対応に即効性が求められたからである（第2章参照、概要は**表序－2**参照）。傍聴中止や一般質問中止は住民自治原則から逸脱していること（一般質問辞退は次善の策）、危機状況下での議会運営を住民自治の原則から事前に検討すること（議会ＢＣＰ（業務継続計画）の豊富化）、を指摘してきた。それは、感染防止に、首長等による緊急対応が求められているからである。行政も動けるし、議会も動けることを前提に議論を進める必要がある。

すでに第1回（3月）定例会は終了（閉会）している。その後は、一般質問や傍聴の取り扱い方といった議会運営だけではなく、危機状況下の地域経営に議会がかかわる手法を検討する。危機の強調による議会・議員の思考停止や、首長への（権限委任とはいえないまでも）地域経営の委任といった発想に陥らず、議会として緊急時に作動することが行政対応を豊富化することを強調したい。

そこで、議会ＢＣＰの想定と、今回の感染拡大の危機の異同について考えたい。議会ＢＣＰは意義あるものである。たとえば大津市議会ＢＣＰは、地震、水害だけではなく、その他（大規模火災などの大規模な事故、原子力災害、新型インフルエンザなどの感染症、大規模なテロなど）が対象となる。ただし、東日本大震災を契機とした策定であるために、発生時期（会議中、会議時間外、議員が自治体内にいないとき）、時期（初動期、中期、後期、1か月～（平常時の議会体制へ））、といったことがイメージされる。今回の汚染拡大リスクは、期間はもちろん、その程度も刻々替わる。こうした要因を含みこんだ議会ＢＣＰの策定が求められる。大津市議会は、2020年8月に第4改訂版を策定している（第6章参照）。

序－3－4　議会対応の検証と議会改革

危機状況における議会対応について考えてきた。第1回定例会での冒頭の対応をめぐる議論について筆者は、**表 序－2**のように考えている。第一義的には、危機状況には執行機関がその危機に注力する時間的余裕を提供するためである。これは、会期を短縮することで、執行機関がその感染拡大防止に対応できるだけではなく、一般質問の答弁書の作成時間を感染拡大防止に使うことができるためである(4)。

一般質問の取り下げは慎重であるべきだ。その上で、そうした決断を行うのであれば、その理由を明確にすることが前提である。その説明事項には、今後の対応（第2回定例会の運営（予定であっても））、そして当初想定していた質問項目一覧等を含める必要がある。

＊

本著で議論する危機状況の段階は変化する。「地獄絵」を想定しながらも冷静な判断が議会には求められている。本著のデッサンは、議会の実践によって豊富化される。

表 序－2　一般質問と傍聴の対応（第1回定例会）の視点

≪一般質問の対応：一般質問の取り下げは次善の策≫

一般質問は、議員にとってきわめて重要であることは言うまでもない。その「取り下げ」を提案するには、理由が明確でなければならない。一般質問には暴露内容もあるが一般的には提言（短期・中期・長期、個別・総合）である。緊急性でいえば、議案審査が第一義的である。当該会期での議案の審査と表決（継続はあるが）をまずもって重視する必要がある。議会・議員の議決責任をまっとうするのはまさに議案審査である。

危機状況下で議案審査をどのように充実させるのか、あるいはそれができないとすればどれを継続審議とするのか（予算も骨格予算のようなものでとりあえず行うことも想定できる）、これがまずもって問われている。

このように考えれば、一般質問の重要性は強調しすぎることはないとはいえ、議案審査が優先される。取り下げの理由（本文参照）を明確にすることを前提として、一般質問の次回への先送りは可能である。
注意していただきたいのは、この一般質問の取り下げは「中止」ではないことである。緊急を要する質問を行いたい議員もいる。これを考慮すれば、議会が「中止」を決めることは住民自治の原則から逸脱する。

≪傍聴中止は地方自治原則からの逸脱≫
議会は開催されなければならないが、その際は公開が原則である。議会の存在意義は、「公開と討議」である。傍聴を中止とすることは、危機状況であってもできない。公開原則と秘密会の例外性・厳格性が規定されている（自治法115）。新型コロナウイルスへの対応は秘密会の理由にならない。
そこで対応であるが、傍聴者へのマスク着用、消毒等の徹底の要請や、傍聴席の間隔を広げることなどが想定できる。また、傍聴自粛要請（お願いであって中止ではない）は、ネット中継、ケーブルテレビ中継といった環境がある場合に可能である。

注

(1)　辻陽「議会として首長を信じ、議会を開かないとする判断」『地方議会人』2020年4月号。「とはいえ、その後開かれる議会において、首長がこの間に行った対応等の決定過程を詳らかにさせ、それについての十分な検証が果たさなければ、ただでさえ権限の強い首長の独断をますます助長しかねないことに、注意が必要である」と付け加えられている。筆者は別の視点からコメントしてる（「一般質問辞退は次善の策、傍聴中止は大きな問題」『地方議会人』2020年4月号）。

(2)　危機の強調は、首長の作動を肯定し議会の沈黙を要請する議論に親和性がある。もっとも民主的だといわれたワイマール共和国の時代に、カール・シュミットは危機を強調し例外状況には大統領独裁が必要だとしてナチズム政権に道を開いている。危機の認識は重要である。危機の強調で思考停止に陥るのではなく、危機を具体的に想定し、大統領に全権委任するのではなく、具体的に民主的統制を構想する必要があった。例外の極端な強調とは異なり、危機を常態の議論の中に含みこむ危機状況の認識ことが全権委任の独裁者を呼び起こさない。本著は、議会は動けること、評価と提言など行政のサポートの重要性を提起している。

(3)　筆者は、検証によって実効性ある提案が可能だと主張してきた。危機状況では、原則を保持しつつ変更も柔軟にあってよいし、その場合、原則とルールを設定しておく必要がある。

(4)　書面による質問（通告書）と答弁（書）という運営も行われている。議会基本条例等で文書質問を規定している自治体では、その活用もできる。ただし、本来質問と答弁は公開の場で行われることを原則とするため、文書によるものは緊急性と公開性の原則を考慮して運用することに留意していただきたい。

（江藤俊昭）

第1章

議会の防災対策：防災から減災へ

1－1　「防災計画」と危機管理は誰の責任なのか

1－1－1　頻発する災害

2011 年3 月の東日本大震災、2016 年4 月の熊本地震、2017 年9 月の北海道胆振東部地震、また2018 年7 月の西日本豪雨災害、2020 年7 月の九州北部豪雨災害また相次ぐ台風災害では、たくさんの人命が失われるなど、多くの被災があった。その後の救援や復興の努力も懸命に進められているが、こうした被害からの回復は本当に大変な作業である。豪雨水害や大型台風の上陸などはもはや日常的にどこでも起こりうる災害になってきた。

震災による被害だけを考えても、阪神淡路、中越、東日本など相次ぐ震災で2 万人近くの人命を失う経験をしてきたところである。近年の震災による被害は、大規模で広域的に広がるとともに、人口集積地域に発生しているケースも多い。こうした現状からは、従来の防災の考え方を見直していく必要に迫られている。加えて、従来から懸念されていたいわゆる東海、東南海、南海の海溝型大地震についても近年の諸研究によってさらに大きな災害の発生可能性が高まっていると指摘されている。いつ発生するのかは不明であるが、その発生確率が高くなりつつあるといった研究結果も出ている。科学的にも経験的にも大地震は、間違いなく発生するということも指摘されている。

1－1－2　災害の予防や回避

改めて不確実な状況に対して、我々の社会はどのようにして人々の安全を確保して行けばよいのか。その災害に対する安全確保の基本的な考え方として策定されているのが国と地方との双方にある「防災計画」である。私たちとその社会が、どのように危機に対処して行けばよいのかを、あらかじめ考えておき、いざという時に対処し、事後の適切な復旧等の措置を行っていくことを狙いとしている。国にも地方自治体にもそのための計画や行政組織が準備される。

日常生活の中には様々な危険が潜在している。身近なところでは犯罪や交通事故もある。人為的に引き起こされる大規模な災害としてテロや戦争、あるいはサイバーテロや大規模な公共交通機関の事故、放射性物質の拡散などもある。人為的かどうかは区々だが、大火災や伝染病の大流行(パンデミック)もあり、自然災害に類するものとして水害や火山噴火もあり、大規模な地震災害もある。その上これらの災害が複合して被害が増幅されることもある。

「防災計画」においては、こうした危険を想定して可能な限り予防しあるいは回避し、場合によっては被害の程度を小さくするとともに被害からの回復力を高めることが重要である。これまでの災害に対する対応策は「防災」のための計画として災害を封じ込めることに主眼があったが、実際に災害が発生する場面を考えてみると、そうはいかないことが明らかになってきている。現実には、「想定」できることと、できないこととが双方ともに発生しているのである。

あらかじめ防災計画が災害を想定して対処方策を用意し、そして想定通りの災害が発生した場合には、発生を予防することができるかもしれない。自然災害の場合のように発生自体は防げない場合にも被害を回避することは可能かもしれない。いわば「想定内」の危機や災害には、対処の仕様があるということになる。

1－1－3　災害の想定内と想定外

しかしながらこれまでにもしばしば指摘されているように、「想定外」といわれるものが多くの危機事態の現実である。災害は忘れたころに、考えてもみなかったものとしてやってくるという言い方は事実の一面をよく表している。「想定外」にどのように対処したらよいのか。その考え方の一つが「減災」である。想定外の災害によって被災した場合に、その損害をいかに小さくすることができるのか、救援や復旧の手順と資源配分を適切に組み立て被害の程度を可能な限り小さくすることができるかが問題になる。例えば、感染症における大流行（パンデミック）などでよく言われるところであるが、治療効果から考えるトリアージという医療資源の優先順位付けのための提供手順なども検討されている。

これからの「防災計画」は、「想定内」と「想定外」に配慮しつつ、「予防」と「減災」を考えることになる。その時に重要になるのは、一つは災害にかかわる科学的知見とその適切な理解である。二つにはその知見と被災の社会的許容度についての社会的共有である。三つには、それらの結果としての防災計画を広く深く伝えていくことである。別の言い方をすれば、サイエンス・コミュニケーション、デリブラティブ・コミュニケーション、そしてリスク・コミュニケーションが大切ということである。これらを組織化し機能させることができるかどうかが災害にかかわる公共政策には問われている。

1－1－4　減災への議会の役割

議会としての対応を考える場合、議会活動も議員活動の在り方も、旧来の防災の考え方ではその職責を果たすことにはならない。というのも「防災」を主眼とする災害対策では、執行機関による災害の封じ込めを求めることになり、議会は被災の結果を見て評価し監視機能を果たせばよいことになる。しかしながら、想定外が当たり前になった災害対策においては、防災ではなく減災が主たる目的となり、そのための公共私の役割分担と連携が必要とされることになる。いわば災害対策が事前準備段階から減災に向けての対応を組み込み、非常事態発生時には被災への救援や復旧の対応が減災の観点から求められている。そのためには事前段階から復旧や復興のプロセスを住民の生命と生活の観点から考えていかなければならない。もはや執行機関の責任追及だけでは議会の役割を果たしたとは言えない状況が生まれているのである。

参考文献

吉井博明, 田中淳(2008)『災害危機管理論入門－防災危機管理担当者のための基礎講座 [シリーズ災害と社会 第3巻]』弘文堂

防災計画研究会（編）(2014)『自治体・事業者のための防災計画作成・運用ハンドブック』ぎょうせい

１－２　災害対策の政府間関係と制度

１－２－１　災害対策の制度

前述した地域防災計画の策定を含む災害対策基本法は、1961 年に制定され、防災関係法令の一元化を図るものとされた。法制定の目的は、国土と国民の生命、財産を災害から守ることであり、そのため国、地方公共団体及びその他の公共機関によって必要な体制を整備し、責任の所在を明らかにするとともに防災計画の策定、災害予防、災害応急対策、災害復旧等の措置などを定めることとしている。災害は暴風、豪雨、豪雪、洪水、高潮、地震、津波、噴火その他の異常な自然現象、または大規模な火災、爆発及びこれらに類する政令で定める原因による被害である。その中に「放射性物質の大量の放出」がある。

法律によれば、その目的は、「国土並びに国民の生命、身体及び財産を災害から保護するため、防災に関し、国、地方公共団体及びその他の公共機関を通じて必要な体制を確立し、責任の所在を明確にするとともに、防災計画の作成、災害予防、災害応急対策、災害復旧及び防災に関する財政金融措置その他必要な災害対策の基本を定めることにより、総合的かつ計画的な防災行政の整備及び推進を図り、もって社会の秩序の維持と公共の福祉の確保に資することを目的とする」という。

1－2－2　災害に対応する機関と住民

第2条第三号から第五号までの規定によって内閣総理大臣が指定した機関（指定行政機関、指定地方行政機関、指定公共機関）は、法律の規定により災害発生時にそれぞれの職域における責任を果たす義務を負う。

国レベルの指定行政機関としては、2009年8月28日内閣府告示第344号によれば、国の各省庁（内閣府、国家公安委員会、警察庁、金融庁、消費者庁、総務省、消防庁、法務省、外務省、財務省、文部科学省、文化庁、厚生労働省、農林水産省、経済産業省、資源エネルギー庁、中小企業庁、国土交通省、国土地理院、気象庁、海上保安庁、環境省、原子力規制委員会、防衛省）がある。

指定地方行政機関としては、2007年10月1日内閣府告示第634号によれば、沖縄総合事務局、管区警察局、総合通信局、沖縄総合通信事務所、財務局水戸原子力事務所、地方厚生局、都道府県労働局、地方農政局、北海道農政事務所、森林管理局、経済産業局、産業保安監督部、那覇産業保安監督事務所、地方整備局、北海道開発局、地方運輸局、地方航空局、管区気象台、沖縄気象台、管区海上保安本部、地方環境事務所、地方防衛局である。

指定公共機関としては、まず独立行政法人として、2013年10月1日現在では、独立行政法人防災科学技術研究所、独立行政法人放射線医学総合研究所、独立行政法人日本原子力研究開発機構、独立行政法人国立病院機構、独立行政法人農業・食品産業技術総合研究機構、独立行政法人森林総合研究所、独立行政法人水産総合研究センター、独立行政法人土木研究所、独立行政法人建築研究所、独立行政法人海上技術安全研究所、独立行政法人港湾空港技術研究所、独立行政法人水資源機構、独立行政法人日本高速道路保有・債務返済機構、独立行政法人原子力安全基盤機構がある。

指定公共機関には様々な官民の機関が含まれる。法律で設置されている機関としては、日本銀行、日本赤十字社、日本放送協会（NHK）、東日本高速道路株式会社（NEXCO東日本）、首都高速道路株式会社、中日本高速道路株式会社（NEXCO

中日本)、西日本高速道路株式会社（NEXCO 西日本)、阪神高速道路株式会社、本州四国連絡高速道路株式会社、成田国際空港株式会社、新関西国際空港株式会社、中部国際空港株式会社、北海道旅客鉄道株式会社（JR 北海道)、東日本旅客鉄道株式会社（JR 東日本)、東海旅客鉄道株式会社（JR 東海)、西日本旅客鉄道株式会社（JR 西日本)、四国旅客鉄道株式会社（JR 四国)、九州旅客鉄道株式会社（JR 九州)、日本貨物鉄道株式会社（JR 貨物)、日本電信電話株式会社（NTT)、東日本電信電話株式会社（NTT 東日本)、西日本電信電話株式会社（NTT 西日本)、日本郵便株式会社、東京瓦斯株式会社（東京ガス)、大阪瓦斯株式会社（大阪ガス)、東邦瓦斯株式会社（東邦ガス)、西部瓦斯株式会社（西部ガス）が指定公共機関となっている。

運輸業界の指定公共機関では、日本通運株式会社（日通)、福山通運株式会社、佐川急便株式会社、ヤマト運輸株式会社、西濃運輸株式会社がある。

電力企業としては、北海道電力株式会社、東北電力株式会社、東京電力株式会社、北陸電力株式会社、中部電力株式会社、関西電力株式会社、中国電力株式会社、四国電力株式会社、九州電力株式会社、沖縄電力株式会社、電源開発株式会社、日本原子力発電株式会社がある。

自由化された通信企業としては、株式会社NTT ドコモ、エヌ・ティ・ティ・コミュニケーションズ株式会社（NTT コミュニケーションズ)、KDDI 株式会社、ソフトバンクテレコム株式会社、ソフトバンクモバイル株式会社が指定されている。

地方にも指定公共機関があり、地方独立行政法人（地方独立行政法人法（2003年法律第百十八号）第二条第一項 に規定する地方独立行政法人をいう。）及び港湾法（1950 年法律第二百十八号）第四条第一項 の港務局、土地改良法（1949 年法律第百九十五号）第五条第一項 の土地改良区その他の公共的施設の管理者並びに都道府県の地域において電気、ガス、輸送、通信その他の公益的事業を営む法人で、当該都道府県の知事が指定するものがある。

これらの機関に加えて、地域防災組織やボランティア活動の重要性についても災害対策基本法は明確に定めている。すなわち２条において、国、地方公共団体及びその他の公共機関の適切な役割分担及び相互の連携協力を確保するとともに、これと併せて、住民一人一人が自ら行う防災活動及び自主防災組織（住民の隣保協同の精神に基づく自発的な防災組織をいう。以下同じ。）その他の地域における多様な主体が自発的に行う防災活動を促進すること、そして第５条の三では、国及び地方公共団体は、ボランティアによる防災活動が災害時において果たす役割の重要性に鑑み、その自主性を尊重しつつ、ボランティアとの連携に努めなければならない、としている。

１－２－３　都道府県と市町村の災害対策

都道府県と市町村は、地域の防災の主たる担い手として、災害対策基本法に位置づけられている。法律に基づき都道府県や市町村では地域防災計画を作成する。都道府県は同法第4 条により、市町村は第５条によりに地域防災計画の作成及びその実施が義務づけられており、それぞれ、地域の防災関係機関により構成される都道府県防災会議、市町村防災会議を設置し計画を作成している。計画は、対象とする災害に応じ、一般対策編、地震対策編（震災対策編）、原子力対策編などに分かれている場合が多い。

原子力災害に対しては、災害対策基本法に加え、原子力災害対策特別措置法第5 条でも防災計画の作成及び実施が義務づけられており、原子力災害予防対策、緊急事態応急対策、原子力災害事後対策について計画されている。

地域防災計画は、地域の実情に即した計画であり、地域の災害に関する措置等についての計画とされており、そのため、災害対策基本法では次の事項を規定する内容の計画となっている。

1　防災上重要な施設の管理者の処理すべき事務又は業務の大綱

2　防災施設の新設又は改良

3　防災のための調査研究、教育及び訓練その他の災害予防、情報の収集及び伝達

4　災害に関する予報又は警報の発令及び伝達

5　避難、消火、水防、救難、救助、衛生その他の災害応急対策並びに災害復旧

に関する事項別の計画

6　前各号について要する労務、施設、設備、物資、資金等の整備、備蓄、調達、配分、輸送、通信等に関する計画

計画の構成は、災害の種類ごとに、震災対策編や風水害対策編、原子力事故対策編などで構成されている。そしてそれぞれの災害について、災害対策の時間的順序に沿って、災害予防、災害応急対策、災害復旧・復興について記述されている。一般的に、地域防災計画は、都道府県や市町村の行政の災害対応のための計画という側面が強くなっている。

都道府県はその住民の災害からの保護を目指すが、同時に広域的な調整機能を担う。市町村は防災、救援、復旧復興の第一義的な責務を負う。また効果的な防災のため、広域的な支援や地方自治体間協力、他の公共的機関等との連携協力が求められている。

以上のように、地域にかかわる諸機関が、官民合わせて網羅的に災害対策に努めることになっている。しかしそこにおいては、市町村長や都道府県知事は中心的な担い手であっても、その議会の役割は一切触れられていない。地方自治法が専決処分を定めているように、非常事態においては、議会の出る幕はないというのがそもそもの災害対策法制と地方自治制度の考え方ということになる。

1－2－4　2012年災害対策基本法改正にみる政府間関係の改革

災害対策基本法改正と国および地方自治体の関係について、近年の改正を見ておこう。2012年そして2013年と、東日本大震災の経験から、災害対策基本法が改正された。改正の要点は、2012年度改正は緊急に必要な項目として、広域応援や調整など大規模広域的な災害に対する即応力の強化、大規模広域災害時の国・県や広域的な被災者対応の改善、災害の教訓伝承、防災教育の強化、多様な主体の参画による防災力の向上が目指された。

まず2012年には、緊急性の高い改正を優先したとされる2012年6月27日公布・施行の改正があるが、これについて、少し詳しく見ておくことにしよう。

そこでは、第1に、大規模広域な災害に対する即応力の強化として、「災害発生時における積極的な情報の収集・伝達・共有を強化」「地方公共団体間の応援業務等について、都道府県・国による調整規定を拡充・新設」「地方公共団体間の応援の対象となる業務を、消防、救命・救難等の緊急性の高い応急措置から、避難所運営支援等の応急対策一般に拡大」「地方公共団体間の相互応援等を円滑化するための平素の備えの強化」を掲げている。

第2に、大規模広域な災害時における被災者対応の改善について、「都道府県・国が要請等を待たず自らの判断で物資等を供給できることなど、救援物資等を被災地に確実に供給する仕組みを創設」「市町村・都道府県の区域を越える被災住民の受入れ（広域避難）に関する調整規定創設」を行った。

第3に、教訓伝承、防災教育の強化や多様な主体の参画による地域の防災力の向上については、「住民の責務として災害教訓の伝承を明記」「各防災機関において防災教育を行うことを努力義務化する旨を規定」「地域防災計画に多様な意見を反映できるよう、地方防災会議の委員として、自主防災組織を構成する者又は学識経験のある者を追加」している。

2012年改正の附則において、「政府は、東日本大震災から得られた教訓を今後に生かすため、東日本大震災に対してとられた措置の実施の状況を引き続き検証し、防災上の配慮を要する者に係る個人情報の取扱いの在り方、災害からの復興の枠組み等を含め、防災に関する制度の在り方について所要の法改正を含む全般的な検討を加え、その結果に基づいて、速やかに必要な措置を講ずるものとする」とされた。

そこで示された残された課題としては、第1に、「自然災害による国家的な緊急事態への対処のあり方」、第2に「被災者支援の充実」、第3に「復興の枠組みの整備」、第4に「減災等の理念の明確化と多様な主体による防災意識の向上」、第5に「避難の概念の明確化」、第6に「その他災害対策法制全体の見直し」が求められた。

１－２－５　2013 年災害対策基本法改正における国・地方の役割分担

東日本大震災を踏まえた法制上の課題のうち、緊急を要するものについては、2012 年6 月に行った災害対策基本法の「第1 弾」改正にて措置したとされるが、その際、改正法の附則及び附帯決議により引き続き検討すべきとされた諸課題については、中央防災会議「防災対策推進検討会議」の最終報告（同年7月）も踏まえ、さらなる改正を実施することとした。すなわち2013 年度改正では、国の一体的な対処や被災自治体への代行応急措置など大規模広域災害に対する即応力強化、市町村の避難マップ作製や避難所指定、個人情報の利用など住民の避難の確保、市町村の避難所設置や支援など被災者保護の改善、平常からの防災への取り組み強化などが図られた。

まず第１に、大規模広域な災害に対する即応力の強化等に関しては、「①災害緊急事態の布告があったときは、災害応急対策、国民生活や経済活動の維持・安定を図るための措置等の政府の方針を閣議決定し、これに基づき、内閣総理大臣の指揮監督の下、政府が一体となって対処するものとすること」、「②災害により地方公共団体の機能が著しく低下した場合、国が災害応急対策を応援し、応急措置（救助、救援活動の妨げとなる障害物の除去等特に急を要する措置）を代行する仕組みを創設すること」、「③大規模広域災害時に、臨時に避難所として使用する施設の構造など平常時の規制の適用除外措置を講ずること」などが定められた。

第２に、「住民等の円滑かつ安全な避難の確保」については、「①市町村長は、学校等の一定期間滞在するための避難所と区別して、安全性等の一定の基準を満たす施設又は場所を、緊急時の避難場所としてあらかじめ指定すること」、「②市町村長は、高齢者、障害者等の災害時の避難に特に配慮を要する者について名簿を作成し、本人からの同意を得て消防、民生委員等の関係者にあらかじめ情報提供するものとするほか、名簿の作成に際し必要な個人情報を利用できることとすること」、「③的確な避難指示等のため、市町村長から助言を求められた国（地方気象台等）又は都道府県に応答義務を課すこと」、「④市町村長は、防災マップの作成等に努めること」などとされた。

第３に、「被災者保護対策の改善」については、「①市町村長は、緊急時の避難場所と区別して、被災者が一定期間滞在する避難所について、その生活環境等を確保するための一定の基準を満たす施設を、あらかじめ指定すること」、「②災害による被害の程度等に応じた適切な支援の実施を図るため、市町村長が罹災証明書を遅滞なく交付しなければならないこととすること」、「③市町村長は、被災者に対する支援状況等の情報を一元的に集約した被災者台帳を作成することができるものとするほか、台帳の作成に際し必要な個人情報を利用できることとすること」、「④災害救助法について、救助の応援に要した費用を国が一時的に立て替える仕組みを創設するとともに、同法の所管を厚生労働省から内閣府に移管すること」などとした。

第４に、「平素からの防災への取組の強化」として、「①「減災」の考え方等、災害対策の基本理念を明確化すること」、「②災害応急対策等に関する事業者について、災害時に必要な事業活動の継続に努めることを責務とするとともに、国及び地方公共団体と民間事業者との協定締結を促進すること」、「③住民の責務に生活必需物資の備蓄等を明記するとともに、市町村の居住者等から地区防災計画を提案できることとすること」、「④国、地方公共団体とボランティアとの連携を促進すること」などとされた。

第５に、その他として、「①災害の定義の例示に、崖崩れ・土石流・地滑りを加えること」、「②特定非常災害法について、相続の承認又は放棄をすべき期間に関する民法の特例を設けること」とされた。

これらの改正では、一連の災害対策における市町村長の責務を詳細に定めた。特に、防災対策の詳細な準備として、避難所や災害時要援護者対策などが定められた。また、自治体間の相互応援の制度が整えられた。災害時の重い責務の履行を保証するために国等による市町村代行や支援が明らかにされた。国、県等による調整、情報の提供や共有が定められた。民間事業者との協力、災害時支援の協定締結やボランティア等の連携も定められている。住民には、平時から災害に備えること、備蓄などの義務が定められている。

１－２－６　2012・2013年法改正と議会

以上のように、市町村に対する国や都道府県の責務や関与が法定化されることとなるとともに、防災や災害時における市町村長の役割はさらに重要となり、その権限強化が図られ、その義務も大きくなっている。これに対応して、これら改正では、関係機関を初めとして住民やボランティア、地域住民団体、事業者等の役割などについては、一定の位置づけが改めてなされた。

2012年そして2013年と、東日本大震災を受けて、災害対策基本法が大きく改正された。その要点を再確認するなら、まず2012年度改正では緊急に必要な項目として、広域応援や調整など大規模広域的な災害に対する即応力の強化、大規模広域災害時の国・県や広域的な被災者対応の改善、災害の教訓伝承、防災教育の強化、多様な主体の参画による防災力の向上が目指された。2013年度改正では、国の一体的な対処や被災自治体への代行応急措置など大規模広域災害に対する即応力強化、市町村の避難マップ作製や避難所指定、個人情報の利用など住民の避難の確保、市町村の避難所設置や支援など被災者保護の改善、平常からの防災への取り組み強化などが図られた。一連の改正では、被災自治体に対する国の関与が法定化されることとなるとともに、防災や災害時における市町村長の役割はさらに重要となり、その権限強化が図られ、その義務も大きくなっている。

これら災害対策関係法令においては、地方自治体議会の存在については、一切触れられていない。しかしながら議会はこの問題には関われないということではないと理解される。元来、災害対策基本法が定める防災行政は執行機関の役割である。とはいえ、法は地方自治体の議会が防災に関与することを禁止しているわけではないし、市町村長の事務は議会の自主的な議決権の及ぶ範囲であり、実際に議会も災害の当事者として責任がある。復興計画の策定に当たっては、議会が関与することとして、議決権限の追加を条例によって定めた議会もある。当然ながら、災害対策は重要な住民関心事であって、議会の質問や予算審議でもしばしば論点になる。また地方自治体の地域防災計画を審議する地方防災会議に議会代表が参加している例もある。こうした現状を踏まえれば、災害対策基本法に議会の位置づけをしていくことも必要なのではないか。またそれに向けて、各議会でも積極的に災害対策における議会の役割の議論を進める時期に来ていることは確かであろう。

参考文献

防災行政研究会（編集）(2016)『逐条解説 災害対策基本法 第三次改訂版』ぎょうせい
佐々木 晶二(2017)『最新 防災・復興法制−東日本大震災を踏まえた災害予防・応急・復旧・復興制度の解説―』第一法規

１－３　議会の災害対応と危機管理 ：リスクガバナンスの担い手としての議会

１－３－１　災害対策と地方自治体

災害大国日本という言い方があるように、日本は、自然災害に関して言えば、世界でも最も災害リスクの高い国の一つだとされている。このところの震災を考えて見ても、阪神淡路大震災や東日本大震災、そして熊本地震が発生してきたし、この間に新潟や長野などでも地震は頻発している。また地震に伴う津波災害は、東日本大震災において甚大であった。加えて、台風災害や豪雨災害、火山の噴火など自然災害は枚挙に暇がない。加えて、都市化の進展や産業文明が発達したこともあって人間の活動が深くかかわる大災害も発生しており、福島第１原子力発電所事故災害や、大火災、重大事故災害が発生している。地政学的にみれば、東アジアの東端そして太平洋の西端に位置し、かつての東西対立や今日のアジア情勢などからしても、戦争やテロによる災害も想定できないわけではない。

これら災害はその規模の大小はあるが、特定の地域住民に何らかの被災があることから災害になる。防災という観点からすれば、これら災害の抑止が求められるかもしれないが、想定内の災害だけではないことが明らかになっており、想定外の災害に対処する減災が求められている。

現行の災害対策基本法によれば、防災等には地方自治体、とりわけ市区町村が、その第一線にあって活躍することが想定されている。もちろん、災害対策基本法は、市町村、都道府県、国の役割を規定し、それらの相互連携や協力体制を構築するよう求めている。災害対策は、自然災害・事故災害を中心に、そのための予防、緊急災害対応、救援、復旧、復興をあらかじめ計画する地域防災計画を策定し、状況変化に応じて修正してきている。緊急時においては、国には首相を本部長とする災害対策本部が、都道府県にも災害対策本部が設置されるが、現場の活動にまず当たるのは市町村災害対策本部である。市町村では一定規模以上の災害に際しては災害対策本部が自動的に設置され、国や府県等の支援、市町村間の相互支援などが機能するだけではなく、その他の公共的団体や民間企業などの関係機関による災害予防、非常時救援協力、復旧復興支援協力などが予定されている。なお近年の災害事態に際して特に重視されている防災や減災の観点として住民の自助と共助がある。これらは、防災に関する教育や啓発活動、地域の自主防災組織の設立や地区防災計画の策定などが行われることによって、住民一人ひとりの防災減災行動を促し、地域の安全度を高めようとする活動といえる。

1－3－2　災害と議会・議員

このように市町村行政や都道府県行政は災害対策の要として重大な責務を負い、活躍が期待されているのに対して、その議会はどうであろうか。地域防災計画などでも議会は蚊帳の外に置かれていることからすれば、予防段階では議会の関与はないし、災害発生時には議員の安否確認があればよいほうであり、緊急事態が続く中では実質的に議会無視が続く。ようやく議会の出番は、事後的に災害復旧や復興をどうするのか、執行機関が適切な対応ができたのかなどを検討する段階であり、いわば議会は後追いでよいという認識である。結局のところ、緊急時や大規模災害では議会は無用であるし、災害と議会は無関係ということになる。

議員についてはどうであろうか。日常的に議員は住民代表として住民要望を行政に伝達する活動に慣れていることから、災害時にもそうした行動様式をとりやすい。しかしながらしばしば指摘されるように、議員からの個別的な救援要請や情報提供は、緊急時における意思決定をゆがめること、情報受発信が必要なときに情報通信資源の無駄遣いになりやすいこと、現実に消防署や災害対策本部の機能を制限してしまうことなどがしばしば指摘される。こうした議員の行動は、議会と議員が執行機関によって尊重されればされるほど災害対策のお邪魔になるといわれる現象でもある。

地方自治体の議会は本当に災害問題にかかわらなくてよいのであろうか。災害大国日本を考えるなら、世界でも指折りの自然災害被災地域で生きる住民にとって、それぞれの身近な住民の安心安全を守ってくれるのは地方自治体である。そして、議会と執行機関は住民代表機関として、住民の福祉に貢献しなければならない。議会は何もしない方がよいのではなく、むしろその責務は重いし、積極的に役割を遂行していく必要がある。そのために近年では議会基本条例などに危機管理や災害対応が、一般的な方針にとどまる場合が多いが、条項として掲げられるようになっている。

それではこれらの理念条項を超えて、実態的に見て、災害時に議会・議員の役割はあるのであろうか。あるとして議会や議員の役割は何か、災害時に議員としての心構えや行動はどのようにあるべきか、議会としての災害対応の仕方はどうあるべきか、これらの問題をどのように考えればよいのかが問われている。以下、ここでは、議会は災害に向き合えるのかを、危機管理の理論的な観点から、そして現実の議会の対応例から、改めて検討しておきたい。

１－３－３　議会と危機管理

東日本大震災や熊本地震を見るまでもなく、災害時には事実上機能停止する議会あるいは災害時には物理的にも停止せざるを得ない議会もある。被災する可能性がある議会と議員は、被災した場合にも、それでも住民のために働くのか。理念的には公務員としての議員はその役職を優先的に果たす義務があり、議会は議決機関として地方自治体の意思決定を担う責務があることから、平常時であれ災害時であれ、議会と議員は機能し続けなければならないのが基本的な考え方であろう。

そうした議会機能のためには、議会が危機事態に対してそれを管理できる体制を持っているかが問われる。残念ながら、現時点ではほとんどの議会はそうした体制にはなく、せいぜい執行機関の防災体制の一部にとどまり、議員は一住民と同様の扱いとなる。この状況では、自然災害のみならず、事故災害などさまざまに想定ができる危機に対して無防備であるといってもよい。これでは議会は危機事態に対して何も行動できず、ひたすら被災を受忍するしかないし、住民に対する責務も果たすことはできない。改めて危機管理の考え方を議会として捉えなおすことが必要である。

危機管理の考え方は、元来はあらゆるリスクへの個別的かつ集団的な対応を言うのであり、危機を乗り越える方法をあらかじめ整えておき、危機事態に際してはそれを発動させることをいう。議会と議員自身の危機管理の必要性についての認識が求められている。しかし、危機管理意識のなかった議会からの脱皮を図るとしても、議会における危機管理課題はどのように考えるとよいのであろうか。

一つには、「想定外」の大災害への対応を含めて考えるという視点である。危機管理は「想定内」と「想定外」があることが基本でなければならない。

二つには、災害について言えば、防災ではなく減災への発想転換であり、これによって、想定内から想定外への対応を可能としていくのである。予想できるものは予防できるが、想定外が当たり前に発生することを考えれば、想定外の危機に際して被災の程度を小さくし、また優先的に保護すべきものに資源を振り向ける減災が求められるのである。

三つには、危機管理の対象となるのは、まさに多様であり、議会と議員はさまざまな危機事態に対応しなければならない。自然災害としては、震災、津波、台風、集中豪雨、洪水、土砂崩れ、豪雪などが想定できるし、事故災害としては火災や交通機関の事故、危険物質の流出、原子力発電所事故などが想定できる。突発的な事態としてはグローバル化が進む世界において想定できる伝染病などの爆発的な蔓延（パンデミック）、サイバーテロやゲリラ活動、戦争など様々な危機への対応が求められる。近年の議会それ自体について言えば、政務活動費に関するコンプライアンス問題を始め違法不当な資金処理やさまざまな事故、不祥事などの事故事案が議会内外で発生しており、これらへの対応も危機管理であるが、本稿では、災害対策を中心に論じていくことにしたいのでこの点はこれ以上は触れない。

四つには、これらの危機事態に対しては、まずは議会それ自体が、また議員個人が対応していかなければならないのであり、危機管理は自主的自立的な行動への期待が前提としてある。議会としての自主的対応がなければ平常時になるまでは誰も助けてはくれないし、他の機関との連携も成り立たないのである。

１－３－４　リスクとクライシスのガバナンス

さて危機管理は、リスク・マネジメントとクライシス・マネジメントからなるといわれている。リスク・マネジメントは、狭義には危機事態の発生を予防するためのリスクの分析を言い、クライシス・マネジメントは、危機事態の発生後の対処方法に関する概念とされる。もちろん、双方の意味を含めた「危機管理」概念が一般的定義としてある。この危機管理の考え方は、一つには、危機の予防をすることであり、危機発生それ自体を防ぐことにある。二つには、危機事態の把握であり、その状況を的確に認識することとされる。三つには、危機の評価であり、危機によって生じる損失・被害を評価するとともに、対策評価として危機対策にかかるコストなどを評価することからなる。四つには、危機事態へのあらかじめの検討であり、具体的な危機対策の行動方針と行動計画を企画し検討することである。五つには、危機事態への対応の発動であり、具体的な行動計画の始動を発令しまた指示する。六つには、危機対応への評価であり、危機事態への対処中の対応状況に対する危機内再評価と必要な修正を加えることであり、さらに事後の再評価として危機終息後に危機対策の効果の評価を行い計画の修正を行うことである。

地方自治体の長はこれら危機管理の責任を負って地域防災計画等を策定し、行政の業務継続計画を定めてそれを実施する。その前提は、前例の検証であり、低コストかつ良質の安全保障を提供すること、さまざまな種類の危機に対応して、その回避、低減、共有分散などのために、管理手順を明らかにするのである。これらの危機管理過程に議会はどのようにかかわるのか。その鍵となるのは危機管理のガバナンスという観点である。危機管理を巡るガバナンスとは、災害の危機を処理可能な自己統治と共（協）治を意味する。つまり、執行機関中心の危機管理だけではなく、議会、住民、事業者や民間団体、外部の関係機関などが協力して危機管理に当たるのである。そこでは、それぞれの主体が自分自身を危機管理の主体としつつ、地域全体の危機管理に協働して取り組むのである。つまり多主体による危機管理の協治化であり、いわば災害行政から協働型の危機管理ガバナンスへと移行していくのである。

危機管理のガバナンスにおいて、議会はもちろんガバナンスの担い手であり、協働のパートナーであるが、それ以上の役割も期待されている。危機管理のガバナンスが成立するためには、問題の構造化と警報つまり危機の認知に関するフレームの共有、危機の科学的評価と公衆の関心及び公的認知の評価の総合、危機の社会的価値評価による受容可能性の評価、そして危機コミュニケーションの確保による危機管理に必要な情報交換が条件となる。このガバナンスは、執行機関による地域防災計画の策定と災害行政だけでは成立し得ず、多様な担い手のネットワークを機能させる必要があり、住民代表である議員と住民代表機関である議会はそのネットワークの結び目として重要な役割を担うのである。

1－3－5　これからの議会における危機管理の考え方

危機事態を乗り越える議会として、議会の組織と議員自身に必要なことは、危機管理の必要性を認識すること、そのため自分たち自身の行動計画を策定すること、そして行動を起こせるように準備しておくことが出発点である。近年では、比較的多くの議会においては、議会災害時対応マニュアルの策定や緊急時の連絡体制整備が進み始めており、この点での整備が進みつつあるといえる。しかしながら議会の組織的な対応と議員や議会事務局職員の危機管理行動を体系的に整えるためには、議会自身の危機管理計画の策定を待たねばならない。

議会自体の危機管理のみならず、議会責任である住民や地域社会の危機管理に応えようとするなら、執行機関の危機管理との連携が不可欠になるし、長の災害行政や危機管理行政との協力が求められる。議会が執行機関と連携協力して住民や地域の被災状況を把握し、執行機関が災害対策を円滑に進めることができるよう協力する、そうした対応が可能な議会組織体制を整備することは、今後の大きな課題といえよう。もちろん現在の災害対策基本法はすでに触れたように長に権限を集中して緊急事態に対応することとしている。そのことは前提としながらも、想定外の災害を見通しつつ、議会として住民と地域社会のために、災害の予防、救援、復旧、復興を促進する議会の関与や協力体制の確立を検討しなければならない。

その検討に当たって基本的には、議会における自然災害をはじめとする災害への危機管理体制の整備を考えることになるが、その方向は議会組織それ自体の危機管理と地域社会の危機管理という二つの側面を持ったものとならなければならない。

危機管理における具体的な議会の役割として、第一に、災害等の危機事態への議会としての対策をルール化することにある。理念的一般的には、議会基本条例における災害対策や危機管理の位置づけがされることになるし、それを受けて災害対策基本条例や危機管理基本条例の制定なども考えられる。これらは地方自治体全体にかかわる問題を議会が考慮しなければならないことを意味している。

第二には、こうしたルールに基づいて、議会としての防災計画や危機管理計画を策定することである。それらは執行機関の計画との関係を整理し、災害対策のために連携したものとすることになる。

第三には、議会としての災害時の即応体制整備であり、議会業務継続計画やその実施のための議会内災害対策組織体制の整備が必要となる。これらは議会内限りの活動であるが、同時に、執行機関の災害対策との連携協力の際の議会側の対応体制となる。

第四には、災害後の復興に向けて、あらかじめ事前復興の検討をはじめ、非常災害時における被災状況、救援、復旧、復興などを調査審議することである。そのための特別委員会等の設置や議会内調査検討組織の設置が危機管理の諸過程において必要となる。

第五には、事後的にこれらの検討にしたがって、執行機関による復興構想・復興計画策定への参加と議決事件追加の検討が求められることになる。

以上のように取り組まねばならない課題は多いのであるが、現時点において議会として考えるべき優先事項は、やはり議会と議員自身の危機管理体制を具体的に整備することである。その中でも、特に急がなければならないのは非常事態や緊急事態への議会の対応体制の構築である。具体的には、発災時に対応できる議会と議会事務局体制であり、そのための災害対応マニュアルである。その対応においては、自助の考え方に基づいて議会議員や事務局職員の安全を確保するだけではなく、議会の機能を維持しまたは早い段階で機能回復を果たすことができる体制づくりを目指すことであり、そのための議会業務継続計画を策定することが優先して求められている。

参考文献

大塚康男（2012)『新版 自治体職員が知っておきたい 危機管理術』ぎょうせい

経済産業省商務情報政策局情報セキュリティ政策室編（2005)『事業継続計画（ＢＣＰ）策定ガイドライン―高度IT 社会において企業が存続するために』経済産業調査会

瀧澤忠徳（2016)『消防・防災と危機管理―全国自治体職員のための入門・概説書』近代消防社

山村武彦(2012)『防災・危機管理の再点検―進化するＢＣＰ(事業継続計画)』金融財政事情研究会

Ortwin Renn(2008), *Risk Governance：Coping with Uncertainty in a Complex World*,(Earthscan Risk in Society),Routledge

１－４　議会災害対策の体系的整備と大津市災害等対策基本条例の制定

１－４－１　災害対策のルール整備

議会による災害対策を体系的に整備しようという場合には、明確なルールを示して、それを実施できる体制を整備すること、そしてそれに基づいた運用ができることが求められる。基本的なルールとしては、条例制定とそれに基づく計画策定、そしてその運用マニュアルと実施訓練ということになろう。条例についても執行機関のものとの関係も調整しつつであるが、議会基本条例での災害対策の位置づけ、災害対策の基本方針に関する条例制定が、必要となる。次にそれらに基づく防災計画や危機管理計画策定、そして非常時や緊急時の行動方針を定める業務継続計画（ＢＣＰ)策定が求められる。そうした計画等に基づいて行動マニュアルや要領の作成をし、日常的に実施できる体制づくりを行い、また訓練を実施していつでも運用できる準備を行う。さらに災害あるいは災害対策の記憶や訓練記憶を常に思い起こすことができるようにしておく必要があり、災害時の対応を意識できるようなカード作成や通信機器での発信及び定期的な実務的防災訓練などを進めて行くのである。

議会による災害対策の体系的な整備という点では、滋賀県大津市の事例が参考になる。大津市では、2010 年に議員提案による防災対策推進条例を制定していたが、大津市議会は、2015 年に大幅な改定を加えて、その発意により大津市災害等対策基本条例を議決した。また、すでに議会業務継続計画（ＢＣＰ）を全国に先駆けて策定している（議会ＢＣＰについては第4章参照）。この間の活発な議会活動には改めて注目すべきであるが、議会として災害対策の基本を全面的に検討したことの意義は大きい。

前述のように大津市には2010年に制定された大津市防災対策推進条例があったが、災害の実情や市民生活を取り巻く諸事情の変化を踏まえて、2015年に全面改正をしたのである。その背景には、地震津波や水害など自然災害多発と大規模な被災、また事故災害の発生とその危機管理、そして想定外の災害には減災の考え方で対処しようとすることなどを取り入れる必要があった。

本条例は、相次ぐ自然災害の経験を踏まえて、全市的な視点で災害対策に総合的に取り組もうとする、議会ならではの成果といえる。とりわけ、執行機関だけではなく、市民、事業者、議会による災害対策における役割や責務を明確にしたことは、評価される。

1－4－2　災害等対策基本条例の構成

条例の前文では、考え方として、災害や危機を予測することが極めて困難であることから、完全な防災は不可能であるが、被害を少しでも防御することや低減することは可能として、そのために、第3条の基本理念では、自分の身は自分で守る「自助」、身近な地域で助け合う「共助」、行政による「公助」のそれぞれの役割と協働を強調している。減災と自助・共助・公助の理念とそれに基づく役割分担が明確に掲げられているのである。

第５条から第８条までは、それぞれの主体の責務や役割を規定している。第５条では、市民の責務として、災害や危機に備えた情報収集、食糧等の備蓄、自助の取組及び自主防災組織の活動への参加、共助の取組の推進などが示されている。第６条では、事業者の責務として、事業活動の継続に必要な事項を定めた計画を作成し、事業所の利用者や従業員等の安全確保に努めることが示されている。事業者の危機管理計画や防災計画、また事業継続計画の策定と実施を求めているということができる。第7条では、市の責務として、災害及び危機に備え迅速かつ組織的に対応するための計画の策定や体制の整備、業務を継続し、早期に復旧させるための計画の作成、自主防災組織の充実や災害ボランティア等が活動を行いやすい環境の整備、市民が行う自助の取組が積極的に推進されるための環境整備、市民、事業者、自主防災組織、国、他の公共団体等との連携及び協力など、災害対策基本法や地域防災計画の原理原則に当たるところが示される。

そして第８条では、議会の責務として、市議会の業務継続計画に基づく適切な対応、防災及び減災並びに危機管理に関する調査及び研究を行い市に提言するとともに、国や県の動向を踏まえつつ、市の防災対策等における執行の管理及び評価を行い、被災状況の把握及び市民への情報発信に努めることとしている。

具体的な災害対策については、予防対策、応急措置及び復旧対策、復興対策、災害及び危機に強いまちづくりの推進、他の被災地支援等が明細に定められている。災害対策の基本となる予防、応急・復旧、復興の基本的なプロセスにおいて、議会の役割も明示されているところに特徴がある。

まず予防対策に関しては、「議会の災害及び危機への備え」として第12条において、「議会は、議員自らが災害及び危機に対応する能力を育むため、市議会業務継続計画に基づき、防災及び減災並びに危機管理に関する研修会又は訓練を実施し、防災対策及び危機管理に関する知識及び技術の習得に努めるものとする。」としている。また、復興対策については、「議会の復興対策等」として、第23条において第1項では「議会は、前条第２項に規定する災害復興計画について、将来のまちづくりの方向性を定めるその重要性に鑑み、迅速かつ慎重な審議を行うため、必要な措置を講ずるものとする。」とし、第２項では「議会は、市並びに国及び県への災害復旧の推進並びに支援活動の実施及び調整を働きかけ、復旧及び復興に努めなければならない。」と議会の責務を定めているのである。

1－4－3　災害対策のルール化と議会の役割

災害対策基本法が執行機関責任に基づいて、他の公共機関や住民等の協力を義務付けることで災害対策を進めることとして構成されているのに対して、本条例では、市民、事業者、執行機関そして議会・議員の役割を明らかにし、地方自治の観点から住民等による自助と共助、そして行政と議会による公助を想定しているのである。議会や議員の役割として、災害対策においても、議会の存在意義は、議決機関である以上、地域住民のための機関であり、その責務を重大なものと受け止めているともいえる。

社会経済環境の変化を踏まえ、気候変動への適応策や大規模地震対策の模索、また今次の新型コロナウイルス感染症のパンデミックなど様々な災害や緊急事態に対応する必要が明らかになってきており、議会が果たすべき役割は大きいと考えられている。そこでも考えておかなければならないのは、一つには災害対策が実効性を持つこと、二つには災害には想定外が必ずあり減災に努めること、そして三つには真の安全安心社会に向けて、不断の条例見直しや計画の改良、運営の改善を進めることである。議会の持っている審議機能や監視・調査機能、そして提言機能は災害対策においてもさらに大きくいかされるものと思われる。

参考資料

「大津市災害等対策基本条例」（2015年3月制定）

コラム　議会と防災訓練

災害への備えとして、防災訓練は、最も重要な対策の一つである。日常の訓練を通じて、災害時に備えることの重要性は、「釜石の奇跡」と呼ばれて知られるようになったが東日本大震災の津波被害で明暗を分けることになった。いずれにしても単なるマニュアルではなく、危機事態において行動が可能な実践的な訓練が求められているということができる。

関東大震災の教訓をもとにした従来の総合防災訓練は、大規模な会場に多くの人を集めて、あいさつから始まり、訓話や訓練を実施した後、訓練状況の講評を持って終わるというパターンが多かったのではないだろうか。もちろん、参加者は実際に訓練に参加することもあったが、他方では、機器の操作や避難体験訓練を見学するということもあった。そのなかで議会や議員の多くは、来賓として、防災訓練に列席するという場合も多かった。しかしながら、阪神淡路大震災を経験し、さらに3.11東日本大震災を経て以後は、ずいぶんと様子が変わってきたように思われる。具体的な災害想定を行い、実践的な避難訓練、救助訓練などを、かなり密度を高くして行うようになっているのである。

議会や議員に関しても明らかに変化が見られるのであり、自らが当事者として訓練に参加をする機会が、全国的に増えてきたように思われる。行政が中心の防災訓練に議員が積極的に参加をする例もよく見うけられる。議会の中には、議会防災訓練を、議長以下全議員と議会事務局で実地に取り入れているところもある。3.11では議会や議員も大きな被害をこうむったこともあって、関心は高いようである。その訓練では、例えば、地震時の各議員の安全確保、そして議場からの避難、被災状況の把握と救援活動に向かうことなど、防災訓練のシナリオにも工夫がなされている。本会議中の地震以外にも、夜間や早朝の時間帯を想定して、安否確認や非常参集などを、実際に行っているものもある。

いずれにしても、地震災害では発生の予想も難しいし、一般に自然災害は時と場所を選ばないことが多い。そこで注目されるのが災害図上訓練である。図上シミュレーション訓練、災害図上訓練ＤＩＧ、避難所ＨＵＧなどがよく知られているが、災害図上訓練によって、防災・減災に関する知識や技能を実践的に学ぶことができるとされている。災害図上訓練では、基本的に地図や組織図などを用いて、例えば災害対策本部の運営、避難所の運営、災害ボランティアセンター運営、あるいは自主防災リーダーの行動などの訓練が行われている。議会の役割に特化した災害図上訓練の様式は固まっていないようであるが、様々な被災を想定しつつ、具体的な行動をシミュレーションする議会・議員災害図上訓練方式が開発されなければならない。

近年の様々な大災害の被災に際して、可能な限りの減災を実現するために、実地に即したシナリオに基づいた実践的防災訓練は、議会と議員にとっても必須のものということができる。残念ながら、全国の地方自治体議会が主体的にこうした訓練をしているわけではないし、その手法も未開発というのが現実であるが、早急に各議会が取り組んでいくことが期待される。

参考資料

一般社団法人消防防災科学センター　防災図上訓練　2020 年8 月1 日閲覧
https://www.isad.or.jp/to_municipalities/disaster_prevention_map/

（新川達郎）

第２章

議会の危機管理

―フェーズによる対応、危機管理体系―

２－１　自然災害、事故だけではなく、感染症危機への議会対応も！

日本は災害大国である。阪神・淡路大震災、東日本大震災、熊本地震等は大きな被害と衝撃を与えたが、南海トラフ地震、首都直下地震なども想定されている。東日本大震災では、会期中で、しかも議員や議会事務局職員が複数亡くなった議会もある（岩手県陸前高田市議会、議員２人、議会事務局職員４人が帰らぬ人となった）。自然災害は、震災だけではない。台風災害、豪雨・豪雪災害、火山噴火降灰災害など、多様な自然災害危機が日本全土を覆っている。大震災の衝撃や、想定されている多様な自然災害を念頭に、議会は徐々にではあれ危機状況を想定しながらそれに立ち向かう方途を模索している（陸前高田市議会は大震災後、議会としての対応を制度化した）(1)。

こうした自然災害だけではない。原子力発電所事故、感染症感染拡大危機（以下「感染症危機」という）も広がる。新型コロナウイルスの感染拡大は、世界的な危機が生じていることを示した（2020年）。グローバリゼーションの進展は、感染症危機をグローバルにしている（パンデミックの到来）。こうした感染症危機に右往左往した議会もあった。つまり、議会の中には「危機」、「緊急」を錦の御旗に「冷静さ」を失い、一般質問の取下げや傍聴を中止した議会もある（マスコミによる「中止」報道とは全く異なる「自粛」も含まれている）(2)。

すでに指摘したように、自然災害の際の議会対応については、徐々にではあれ整備されてきた。しかし、感染症危機に伴う議会の対応については、ほとんど制度化されていない。

危機状況といっても多様である。想定できる〈危機〉は**表２－１**のとおりである。想定される危機のリストと、それに対応する自治体の責務が明記されている法律を記載している。それらの法律には自治体の重要な役割が規定されている[(3)]。議会の役割が規定されているわけではない。

表２－１　自治体に降りかかる〈危機〉

危機の諸相		自治体の責務規定（議会は独自規定）
内部統制型危機管理		地方自治法
災害型危機管理	自然災害危機	災害対策基本法（2013年改正では国による応急措置代行を規定）
	感染症危機	新型コロナ特措法[(4)]
	テロ・戦争危機	国民保護法

注：危機には、リスクとクライシスがある。前者は、危機自体の発生を予防するための分析であり（内部統制型危機管理、自然災害の場合その想定される災害の予防の文脈）、後者は、危機の発生後の対処方法（災害時の危機管理の文脈）である。今回は、後者を中心に議論する。

すでに指摘しているように、自然災害における議会の危機管理計画（議会ＢＣＰ（業務継続計画：Business Continuity Plan）等）・行動指針等を策定している議会も徐々にではあるが増加している。それにもかかわらず、2020年に日本全土、いや世界中を襲った感染症危機についての対応はほとんど対象外であった。この対応が求められている（及びテロ・戦争危機）。

①　〈危機〉を冷静に判定するために、危機状況を見る目を確立する。

②　危機状況における二元的代表制の作動のポイントを考える。

③　議会が作動できない場合には、専決処分が想定できるが、あくまで例外であることの確認と、そのルール化を模索する。

④　議会の危機管理体系を考える。

＊危機管理は、予防も重要である。防波堤建設、避難訓練、医療体制、避難所・備蓄の整備、ボランティアの受入れといった体制整備、及びそれらを念頭に充実した地域防災計画の制定は不可欠である。

＊＊損失評価と予防コスト評価の比較衡量は必要である。

＊＊＊以上の二つの論点（＊と＊＊）は、議会改革で明確になった機関競争主義の作動の中で議論される。災害後の復興計画も同様である。本章は、危機状況における議会の役割と作動を中心に検討する。

２－２　危機状況を見る目
：住民自治を進める上での前提

筆者は、「住民自治の根幹」としての議会の作動を軸として今後の議会を構想している。その文脈で「危機の議会＝議会の危機」について検討してきた。危機の強調による首長主導型地域経営の登場と作動もその１つである[(5)]。

もう一つ検討しなければならない「危機の議会」は、自然災害や感染症危機に伴い政治・経済・社会が通常とは異なる運営をせざるをえない危機状況に、議会がどう関わるかの検討である。通常状況での事前の危機状況への対応（地域防災計画や議会独自の対応等）、危機状況がある程度収束した段階での復興計画・地域活性化政策への対応は、二元的代表制＝機関競争主義を作動させればよい。同時に、実際に危機状況が生じた場合も（「今そこにある危機」）、本来の役割を放棄せず、「住民自治の根幹」としての議会を作動させることが必要である。こうした危機状況における議会の（事前・事後を含めた）危機管理について、本章は検討する（内部統制型危機管理については、今回の検討からは除外（地方自治研究機構 2017））。

危機状況については、その危機（例外）をあぶり出し、その際の対応ルールを定める必要がある。例外だけの強調では、例外が生じた場合、ルールなしに首長等による統制が生じる可能性があるからだ（江藤2011）。例外を明確にしてその対応をルール化することは、通常状況の中に危機状況を含み込み、その例外を制御する可能性を高める。後に検討するように、議会ＢＣＰ（業務継続計画）等の策定は、この文脈で重要である。同時に、その際の議会運営の変更は、住民自治の原則を保持しつつ行うことが前提である。その原則を日頃から確認しておく必要がある。

危機状況の段階は変化する。「地獄絵」を想定しながらも冷静な判断が議会には求められている。危機状況でも執行機関とは異なる役割を果たす。執行機関は、危機対応に追われるし、そもそも国の施策に縛られ、「美しい」行政計画の策定を志向する。これとは異なり、議会は多様な「住民の縮図」であり、多様な現状を政治行政の場に表出・集約する役割を担い、多様な現状を踏まえた監視・政策提言を行う。執行とは異なる視点からの活動である。議会改革を推進していた議会だからこそ、危機状況にも行政の論理とは異なる方向で住民自治を進める。危機状況に議会が関わる三つの視点をまず確認する。

(1)危機状況の明確化（冷静さを取り戻すために：時間軸・空間軸の設定による危機の想定と対応）

危機状況を的確に把握することがまずもって必要である。そのアングルとして時間軸と空間軸を設定する。ここで強調したのは、それによって危機、及びその対応の多様なシナリオを想定することである。

①　時間軸

自然災害は、初期に大きな被害、その後は二次災害が想定できるが、直接的災害は後景に退き、復興計画等の策定と実践が行われる。ただし、住民が避難所での生活を長期にわたって継続したり、(福島第一原発事故などで)元の場所に戻れない者も多数いる。

感染症には、徐々に広がってパンデミックに至る場合や、短期的に生じる場合がある。エボラ出血熱、インフルエンザ、MERS、SARS 等が想定できる。また、フィクションではあるが、モターバ・ウイルス（架空のウイルス：体内に侵入すると驚異的なスピードで増殖を行い、内臓を融解させて感染者を数日で死に至らしめ、致死率は100％と極めて高い）なども空想とはいえまい[(6)]。

なお、自然災害における行政の対応も、例えば阪神・淡路大震災の際の外科治療と、東日本大震災の場合の内科治療（低体温症、水難等）の需要の相違など、異なる。

表２－２　危機状況のフェーズ（局面）の相違による議会の対応

<table>
<tr><th>状況</th><th>フェーズと議会の対応</th><th>ケース</th><th>議員の性格</th></tr>
<tr><td>通常</td><td>通常</td><td rowspan="4">【開会中（それに準じる時期）】
• 告示前（開会予定日の2 週間～1 週間前）
• 告示後（議運開催後～本会議開会前）
• 本会議開会～一般質問
　一般質問中～委員会審査前日
• 委員会審査～閉会日開議前
• 閉会日開議～議決
【閉会中】

【議会中の物理的危機（開会中）】
休憩・延会、閉会、散会（一般的には17 時以降）
【（参集する）議場】本来は議事堂であるが、体育館、青空議会、といったことも規定</td><td rowspan="4">• 議員
• 地域リーダー
• 住民</td></tr>
<tr><td>事前（予防）</td><td>【フェーズ０】防災基本条例、地域防災計画の策定、議会BCP 等の策定</td></tr>
<tr><td rowspan="2">危機（例外）</td><td>【フェーズⅠ】議会が作動できる状態（感染者の爆発的拡大にまで至っていない状況、及び大震災からある程度経過した状況）
〔議会として行政対応を豊富化〕
〔議会として作動できなくとも、議員・会派、あるいは議会らしきものとして活動〕</td></tr>
<tr><td>【フェーズⅡ】議会として作動できない状態（大地震の直後～1 週間程度の状況、感染症ではロックダウン（都市封鎖）などの状況）＊
〔首長による専決処分の可能性（ただし限定とルール化）〕
〔議会として作動できなくとも、議員・会派、あるいは議会らしきものとして活動〕</td></tr>
<tr><td>事後（復興）</td><td>【フェーズＺ】復興計画、経済対策等</td><td></td><td></td></tr>
</table>

注１：フェーズⅠ、Ⅱはより詳細な類型が必要である（議会ＢＣＰ等の検討で後に行う）。事前（フェーズ０）と事後（フェーズＺ）の対応も必要である（議会の危機管理体系として後述する）。
注２：ケースは、一般質問、議案審査の順で行う会期日程を前提としている。
注３：フェーズとケースの関数で多様な議会対応が想定できる。これらをルール化した議会ＢＣＰ等の策定が必要である。
注４：＊では、ウェブ会議の導入などを想定する。
注５：フェーズⅠは次節、フェーズⅡは次々節において検討する。

②　空間軸

災害の範囲の軸である。局地（特定の場所）だけか、全国的か（あるいはパンデミックか）である。

③　混合（複合）

自然災害が同時あるいは連続的に、また自然災害と感染症危機が同時あるいは連続的に生じる場合もある。新型コロナウイルスの緊急事態宣言が発出されている間にも自然災害が起きる可能性はある（４月20日、震度4：岩手県沿岸南部・内陸北部・内陸南部、宮城県北部・中部等）。また、自然災害後の避難所で感染症危機が起きることもある。これらの場合も視野に入れる必要がある。また、局地（複数も想定）から広域化といった状況も生じる。

(2)フェーズ（局面）による議会対応
（議会として作動できるか、できないか判断する）

危機状況は、当然のことではあるが通常とは異なる状況である。議会も当然通常とは異なる運営が期待される。危機状況をどのように判定するか、その上でどのような活動が可能かを冷静に判定して活動を行う必要がある。いわば、危機状況のフェーズ（局面、ステージ）の確認である。同時に、議会自身が開会中か閉会中（ケース）かも議会運営には密接に連動する。

議会が作動できる（閉会中でも）状況であれば、議会は行政の対応を豊富化することに注力する。閉会中には、議会を立ち上げるか、委員会等で活動するか、議会として作動できなくとも、議員・会派、あるいは議会らしきものとして活動する(**表２－２**のフェーズⅠ)。それに対して、議会が作動できない場合には、(筆者は限定的に扱う)専決処分も想定できるが、その際の例外性を認識する（**表２－２**のフェーズⅡ)。ここでも、個々の議員・会派がフェーズⅠのような活動を担う。

(3)議員の性格の確定
＝議員は、議員の役割とともに住民、地域リーダーとして活動

議員はフェーズに即した活動を行う。もともと、議員には多様な顔がある。まずもって、家族の一員である。家族の安否を確認することが不可欠だ。同時に、議員は地域リーダーである。危機状況では、議員は地域リーダーとして活動せざるをえない。危機状況においての議会、及び議員活動を提案するが、こうした三者（議

員、地域リーダー、住民）の性格の調整をとらない提案は机上の論となる。これらの性格を意識した活動を議会ＢＣＰ等に規定することになる。東日本大震災後に100日間市役所に泊まり込み、首長とともに応急対策活動に従事した議長経験者が「地元の住民から肝心なときにいないという批判を受けて、非常につらかったと述懐している」（鍵屋2018：15）。三者の性格を意識した規定が必要だろう。

なお、地域リーダーである議員は、ときに現場で活動する行政職員を叱責したり、地域エゴをごり押しすることもある。それを厳に慎むとともに、そうした行動を避ける制度化、つまり議会基本条例や政治倫理条例が必要である。地域リーダーだから行政に情報提供をという議論もありえるが（北海道芽室町議会）、地域の役職者という立場ならば理解できるが、議員の属性で行政に働きかけるのは行政の停滞を招く。

【危機状況を踏まえた議会改革の推進】

「危機」の強調によって、今までの議会改革を無に帰させないための検討が必要である。逆にいえば、危機状況において従来の議会改革が問われる。「危機」の強調は、首長のリーダーシップを強調する。危機という不安が首長のリーダーシップを要請するからだろう。危機状況のフェーズを問いながら、この状況の打開のために、議会が行政対応を検証・提言することで、行政の対応力を豊富化する。

東日本大震災に当たって、議会改革を進めていた議会が議会報告会を開催、それを踏まえた復興計画に関わる事例もあった（宮城県塩竈市、陸前高田市等（江藤2012、都市問題研究会 2014 参照））。

危機への対応によって、議会改革の進化・深化の可能性を探る。時間的削減が目的というわけではないが、合理的な運営の模索、ICT を活用した議会運営（ウェブ会議等の活用、通常状況でも産休の議員や病気の議員による活用を期待）、議員間審議を重視した議会運営（首長等を極力呼ばない議会、議案審査を重視する議会（一般質問の位置の明確化））、などである。

なお、危機状況における議会の役割を強調するが、危機状況においては、住民は被害者であるだけではなく積極的な活動主体でもある。住民との協働が行政にも議会にも求められる。とりわけ、SNS の活用など、住民はより容易に積極的に関わることが可能となっている。地域防災計画には自助、共助、協働等が位置付けられている。それらのバージョンアップである。

２－３　二元的代表制の充実度は危機状況下で明確になる：フェーズⅠでの議会の作動

(1)フェーズⅠにおける議会の作動のポイント

フェーズⅠ（時間軸では感染症が徐々に拡大する状況、あるいは大規模自然災害発生から時間がある程度経過した状況）では、危機状況が生じていても、行政はもとより議会も動ける状況における議会の作動について考える。ここでも、従来の議会運営が問われる。住民と歩み、議員間討議を重視し、それを踏まえて首長等と政策競争する議会の作動である。

表２－３　議会の役割（再考）

【行政の対応に対する監視・提言】	【議会運営の検証と改革】
A　行政の対応の監視・検証 B　行政に対する提言	C　行政への監視・検証・提言 D　住民と歩む議会の検証・改革 E　国への要請（意見書等）

注：通常状況には、これらすべてを力点の濃淡はありながらも行う。危機状況では、一般的にはBが優先されるが、そのためにはC、Dを作動させる。

この視点からは、少なくとも議論しなければならない論点は、二つ（プラス1）ある。この状況で対応している地域政策と組織・手続に対する議会による検証と提言（**表２－３**左欄（A、B））、及びそれへの議会の関わり方の検証・改革（プラスとして国への要請）である（**表２－３**右欄（C、D、E））。ただし、〔D　住民と歩む議会の検証・改革〕、及び〔B　行政に対する提言〕を率先して行い、〔A　行政の対応の監視・検証〕は大ざっぱ（いわば「ざっくり」）にならざるをえない（行政の動きを停滞させないように注意、ただし基準の明確化が必要）[7]。これは、危機状況を冷静に判断した議会改革の第２ステージの応用である。

このフェーズⅠの中の感染症危機（主に新型コロナウイルス）を念頭に議論を進める。議会の作動に当たって、危機状況を認識しておく必要がある。治療薬がいまだ発見されていないウイルス拡散への危機であって、緊急事態宣言を行っている国や自治体も散見されるが、日本では衣食住は少なくとも供給されている（自治体閉鎖ではない）。長期化する可能性があるとはいえ、議会はもとより行政も機能している。行政の能力を意識して議会はその監視・提言を行う。行政はもとより、議会・議員は壊滅していない。

感染予防を注意深く行えば（アルコール消毒、座席間隔、換気、マスク着用等の注意によって）、議会は作動できる（広い会議室、青空議会、あるいは提携自治体議会の議場等）。危機状況の確定が曖昧だと、「危機だ、危機だ」ということで民主的統制など議会の役割もおろそかになるからである。まさに危機状況の中身を問いながら、行政をサポートする議会が問われる。

危機状況においては、行政と議会の役割は異なっている。行政は危機対応に率先して取り組む。地域状況を把握しているのは議員であるが、その集合体である議会はそれらを集約し提言する役割を担う。

【議会改革の作動（新型コロナウイルス対応の事例）】

議会改革を進めている議会は、感染症危機にも対応している。

福岡県古賀市議会は、「古賀市議会災害対応要綱」及び「災害発生時の議員行動マニュアル」（災害発生時の本会議運営マニュアル）に即して、「新型コロナウイルス対策会議」を立ち上げ、住民からの要望を集約している。2020年3月6日に第1回を立ち上げ、行政と並走している。古賀市議会では、同時に議会基本条例に災害対応、要綱に感染症対応を追加することを検討することを議会運営委員会で確認した。

議会からの政策サイクルの先駆議会である長野県飯田市議会は、そのサイクルを回している。飯田市新型コロナウイルス感染症対策本部長（執行機関）に対し、議会（飯田市議会災害対策本部会議代表）から２回目の提言を行っている（４月10日、第1回目は４月２日）。住民に対して広報可能な情報についての積極的な提供、国・県・市との協力体制の整備と市民からの問い合わせに対する迅速な回答、議会と執行機関の適時的確な情報共有が提言されている。

茨城県取手市議会は、災害対策会議を設置し、「感染症対策本部」（執行機関）に対して、提言とともに調査を求めている（４月15日）。九つの提言と、四つの調査事項である。

調査事項を求めたことも特徴的であるが、提言には内容と提言に至った背景が記されている。調査項目は、感染拡大が悪化しつつある状況を踏まえ、回覧板を回す必要性、内容の緊急性等について、市からのアドバイスと市政協力員への市の方針はどうなっているのか？／市内飲食店への救済支援はどのように検討されているのか？／休校時、日中、公園等で遊ぶ子どもたちへの防犯体制はどのようになっているのか？／市職員の感染予防策はどのようになっているのか？、である。

また、提言に当たっての内容と提言に至った背景が付されているのは説得的である（③のみ掲載）。

酸性電解水（次亜塩素酸水）などの無料配布により、市民の不安解消を

（提言事項）　酸性電解水（次亜塩素酸水）などの無料配布により、市民の不安解消を提言する。なお、実現までの課題として、予算措置、配布規模や配布方法を明確にする必要があるとともに、国からの助成を待つ段階では難しい課題という認識はあるものの、市民一人一人が家庭等でできる感染拡大防止方法として有効と考え、提言する。

（提言に至った背景）　新型コロナウイルスの影響で消毒用アルコールが品薄になっている。県内では神栖市、鹿島市、筑西市、潮来市、常陸太田市等が除菌効果のある酸性電解水（次亜塩素酸水）を無料配布している。取手市民も感染の拡大に不安を感じていて目に見える対策を期待している。

(2)議会による行政対応に対する検証と提言による行政対応の豊富化

危機状況下で実施された自治体政策を検証することが議会に課せられている。同時に、継続する危機状況下で（局面は移動し多様な問題が噴出することを認識しながら）、多様な住民の声を聞き地域状況を把握して政策提言することも必要となっている。

どちらも、地域政策体系とそれを推進する組織・手続を問うことになる。治療薬の研究は民間や国の研究機関等に委ねざるをえない。感染拡大の防止・治療への対応だけではなく問題は連鎖し、対応は複眼的になる。地域政策体系として、感染防止策と医療体制整備の政策、住民生活の負荷の軽減政策、そして経済対策といった複眼的思考とその実践が必要である。組織・手続については、危機管理部門の体制や、決定の際の手続を念頭に置いている。

①　行政対応の検証

行政対応の検証には、政策自体とその策定の手続の妥当性が含まれる。まず政策そのものについてである、感染拡大の抑え込みを軸とする。ただし、これは単に医療の充実・連携にとどまらない。これらはまた、問題の連鎖を引き起こす。

例えば、学校の休校措置は、安倍首相から要請されていた。小中高、特別支援学校の休校措置、期日の妥当性等が問われる。休校した場合の学業、給食の代替措置はどの程度議論したのか。学校休校だけではなく、児童館・公立図書館なども休館となり、休校の際の「居場所」の設定（子ども食堂の支援等）、休暇をとらざるをえない保護者の保障問題……等々。

この事例をとっても、一つの対応は、問題の連鎖を引き起こす。したがって、感染拡大の防止のための対応であっても、規模だけではなく連鎖的問題が生じ、対応への検証は容易ではない。

また、その対応組織の作動の妥当性、つまり危機管理部門の対応も今後検証する必要がある。例示した休校は教育委員会事項である。ほとんどの自治体で実施された休校について、教育委員会はどのような議論をしたのであろうか。専門家の意見をどの程度参考にしたのか、どの程度児童等、教員や保護者の声が生かされたのか（子どもの権利条例制定自治体の対応も問われる）。そして、教育委員会の議論において、児童等をめぐる連鎖的問題の発生とその対応についてどの程度議論して決断したのであろうか。

問題は連鎖しているので検証も容易ではない。とはいえ、今後のためにも地域政策体系と組織の作動についての検証が議会としても不可欠である。

②　今後の対応の提言・提案

すでに指摘した対応を念頭に置いて、新たに生起する問題群に対して、議員・議会として提案することは必要である。議員は、議会の構成員であるとともに、地域リーダーであるから、地域の現状を踏まえた提案が可能である。「地域エゴ」と揶揄（やゆ）される場合もあるが、地域の問題抜きに地域政策は語れない。また、議員は自治体を超えた議員間ネットワークを有している。それらの情報を自治体の対応に生かすことは有用である。

自然災害時と同様に、個々の議員が行政に働きかけることは、行政の停滞を招く。そこで、委員会等によって議員の情報や提案を議会として受け止め、集約して行政に提言する。ただし、「行政の停滞」の強調は、議会・議員の範囲を狭める危惧もある。「住民自治」を推進する機会の視点から議会・議員は積極的（必要緊急的）に活動することが前提である。

(3) 危機状況に対応する議会の創造

議会が政策体系を意識して検証や政策提言を行うための手法を模索したい。通常状況（平常）では、すでに「議会からの政策サイクル」が開発され、いくつかの議会で実践されている。危機状況での応用である。議会は、問題意識を持って調査研究をしなければならない。これらを進めるには、特別委員会等の設置が必要である。

①　行政の対応への評価、今後の対応を提言する特別委員会等の設置

地域政策体系や組織・手続に対する議会の検証、及び提言を行うには、議会として特別委員会等を設置して主題的に行う必要がある。

②　議会運営の検証

危機状況における議会の対応の検証を行う（新型コロナウイルスの場合、第１回(3月)定例会（定例月会)、一般質問の辞退等)。すでに指摘した行政対応への評価・提言をする特別委員会等で行ってもよい。

例えば、議員は「議事堂に参集」することになっている（全国三議長会のそれぞれの標準会議規則1)。庁舎、議事堂が残存している場合でも[(8)]、例外的に換気のよい場所に移動して開催することを規定することも必要だ（自然災害時に残存していないことを想定すれば当然規定)[(9)]。この場合、傍聴者の権利を阻害しないルール整備が不可欠である（周知徹底)。

今日、社会ではウェブ会議が広がっている。これは議会にも活用できる（すぐ後に確認するように、現行法体系では傍聴規定があるために少なくとも本会議ではできない。詳細は第6章)。特に、産休の議員などが発言する機会の提供など、幅広く活用できる。スピルオーバー効果の一つである。危機状況への対応は、議会ＢＣＰの策定・改編とともに、議会基本条例・会議規則の改正の際のテーマを設定している。

また、行政組織への検証・提言も行う必要がある。例えば、休校を決めるのは教育委員会であるが、同委員選任に同意するのは議会である。ここでどのような議論があったかを検証するとともに、そもそも教育委員の同意基準を議会として設定しているかどうかが問われる。これを機会に、行政委員会・委員の同意・選挙基準を設定してほしい。

③　住民・専門家の意向を聞きながら行う

行政の対応や議会の対応、また問題状況について住民や経済界、NPOからヒアリングを行う。それらの対応の検証に当たっては、専門家の意見収集は不可欠である。感染症危機の場合、接触防止策をとりながら行うことになる。

(4)国への要請：意見書等の活用（プラス１）

危機状況において明確になった問題について、国への要請が必要である（意見書等の活用（自治法99))(東日本大震災の際の議会からの提言・決議・意見書については、例えば都市問題研究会2014)。

①　政策をめぐる財源・権限移譲の要請

感染拡大、そしてこの対応に伴う社会的・経済的問題の連鎖には、今まで以上に自治体と国との連携が必要である。検討を踏まえて、財源・権限の移譲を要請する。また、新型コロナ特措法やそれに基づく緊急事態宣言の対応に関しても、国に要請してよい。

ちなみに、この間の帰国者・接触者センター、特別定額給付金、新型コロナウイルス感染症対応地方創生臨時交付金をみれば、地方分権改革において深化したはずの「法の支配」が蝕まれた（今井2020)。地方分権改革で培われた「法の支配」の復権を目指す意見書提出も重要だ。

②　組織運営に関する要請

危機状況下の議会対応における課題をえぐり出すことが前提である。今回の危機状況において、議事堂への参集は可能であるし、また会議規則の改正により議事堂以外での参集を模索するべきである。ウイルスの汚染のまん延に伴い議員が参集できないことも想定できる。例えば、開議定数と表決定数（前者を3分の1、後者を2分の1など)を区分する地方自治法改正、及びウェブ議会の検討を国に要請することを想定している（第6章参照)。

【ウェブ議会の可能性】

ウェブ議会の場合、基本的には「傍聴」の可能性の有無（自治法130)、及び「参集」の場所（全国三議長会「標準会議規則１条」)が論点となる（それ以外に定足数と表決も論点となる（第6章参照))。筆者は、議会は議員が参集して討議することだと考えている。とはいえ、参集できない危機状況下では必要な場合があるかもしれない。また、新型コロナウイルスの場合のように、高齢者や持病を有していて感染すると重症化する危険がある場合や、通常状況でも病気や出産で出席できない場合、過疎地域において参集する時間的余裕のない場合など、状況に合わせて（議論する手段として)部分的に活用することは必要だと考えている。

筆者はできるだけ議会の会議を公開することを提案してきた（地方自治

法上、あるいは会議規則上)。その議論と矛盾しているが、公開原則（傍聴と議事録公開)には、「本会議のみ」に適用されるという解釈もある。そうであれば、住民が容易にアクセスできる（見ることができる)環境を整備した上でウェブ議会（委員会、調査会等)の活用もできる。

参集の場所は一般に「議場」となっている。青空議会、支所での議会等を規定することも必要である。なお、委員会等も同様に、緊急時にはウェブ議会を想定してよい。

本会議でも、定足数を充足して会議を進め（会派等で調整して、出席しない議員はネット中継で「観戦」し)、表決や自ら発言する場合に議席に着座して参加することは、運用で可能である。

「参集する」は会議規則規定であるが、これを前提とした議会を地方自治法はイメージしている。そのイメージの変更も模索すべき時期である。

なお、非公式の会議（会議規則上規定していない会議)では、全く問題ない。ただし、住民がアクセスしやすい環境を整備することが望ましい。

住民からの提言、及び住民との意見交換等では、積極的にSNSやウェブ会議を活用すべきである。住民と歩む議会は、危機状況でもこの視点を忘れずに対応してほしい。

２－４　専決処分の限定とそのルール化を

危機状況は「通常状況（常態）―危機状況（例外）」のゼロサム（二者択一）ではなく、その間には豊富なグラデーションがあり、現状の位置を確認することの必要性について、専決処分を素材に考える。危機状況において専決処分が必要な場合はある。主として、フェーズⅡにおいて想定される。しかし、専決処分の熟慮なき賛美に対して、地方議会は住民自治を進める対応が必要だ。地方議会は「住民自治の根幹」として、地域経営において重要な権限を有している。首長による専決処分（自治法179）はあるものの、極めて例外的なものである。

しかし、この例外性を意識しない自治体があることには驚く。補正予算や条例改廃の専決処分がまかり通っているからだ。まさに、危機状況における地方自治、地方議会が問われている。

(1)専決処分発動の条件は厳格に

危機状況には、必ず「専決処分」の賛美論とはいわないまでも、肯定論が広がる。そもそも専決処分は例外中の例外である。議会の「議決事件」(自治法96)を奪うからだ。

専決処分は二つある（長の専決処分（自治法179（179条専決））と議会の委任による専決処分（同180（180条専決）））。とりわけ、179条専決が問題になる。そこで、その例外性の確認とともにルール化を提案する。なお、180条専決は議会が認めた「軽易な」事項であるとはいえ、これについても課題はある。

まず確認したいのは、179条専決を行うに当たって、その条件は厳格に規定されていることである。条文に即したチェックリストは**表２－４**のとおりである。このリストのうち一つでもチェックが入れば可能となる。逆にいえば、それ以外は不可能だ。

表２－４　専決処分（自治法179）チェックリスト

□X	議会が成立しないとき、第113条ただし書の場合においてなお会議を開くことができないとき
□Y	長において議会の議決すべき事件について特に緊急を要するため議会を招集する時間的余裕がないことが明らかであると認めるとき
□Z	議会において議決すべき事件を議決しないとき

注：Xの中には、「議会が成立しないとき」と「第113条ただし書の場合においてなお会議を開くことができないとき」と二つの場合が規定されているが、議会が開催されないことでは同じなので一括して議論している。

議会が開催されないXでは、専決処分は肯定できるとはいえ、どのような状況かを想定したい。危機状況下でこのようなことは起こりうる。その対応についても検討したい。

Yについては、通常状況では想定できない。それにもかかわらず、多様に活用されている。「特に緊急を要するため議会を招集する時間的余裕がないことが明らかであると認めるとき」として改正されているにもかかわらず、である。議員の中にはその意味を深く考えず、「暇がないと認めるとき」（従来の地方自治法の規定）と思い込み(10)、専決処分の恒常化を当然視している者がいることには驚く。

Zについては、議会が議決しないのであれば、専決処分も必要だ。議案が議決されないのであれば、要するに議会の意思が示されないのであれば、廃案になってしまう。議会として議案に問題があると考えるのであれば、審議の充実のために継続審議にすればよい。

筆者は、極めて例外的な専決処分が一般的（日常的）にも行われていることは、残念ながら承知している。この問題とともに、危機状況においてあたかも専決処分が妥当だという発想には大きな違和感がある。こうした問題意識のもとで、危機状況の専決処分の限定については次節で検討しよう。

なお、危機状況においては、確かに首長等は極めて忙しくなるということは了解できるが、その「忙しさ」を具体的に判定するとともに（部署により異なることもある）、そもそも議会は、議員だけによって構成されていることを改めて認識した方がよい（正確には「傍聴者」としての住民も含む）。審議に必要な場合に、首長等を呼んでいるにすぎない（自治法121）。議会運営を、議員による審議重視に改める機会だ。

(2)危機状況での専決処分発動の要素：〈危機＝専決処分は妥当〉ではない

専決処分はまさに危機状況で作動できる。しかし、危機を叫ぶことでこの処分が妥当になるわけではない。すでに指摘したとおり、日常的にはほぼ不可能な専決処分を危機状況で作動することができる条件を確定する必要がある。専決処分の承認に当たって、専決処分の条件の妥当性とともに、議会の対応も議論してほしい（前掲**表２－４**及び**表２－５**参照）。

表２－５　危機状況における専決処分の条件と議会の対応

専決処分の条件	想定できる議会の対応
X　議会が開催されない	東日本大震災を想定すれば可能性はある。出席可能な議員による「議会らしきもの」の開催は可能である。議会事務局職員の被害も想定できる。その際、執行機関からの支援も必要だ（理論上、住民による支援も想定できるが、現実的ではない）。
Y　特に緊急を要するため議会を招集する時間的余裕がないことが明らかであると認めるとき	原則として開会前、7日（都道府県、及び市）、3日（町村）までに告示することになっている（必ずしもこれでなくてもよい）（自治法101⑦）。招集できないことはまれであろう。招集しても定足数をクリアできない場合も想定できる（Xに連動）。なお、ウェブ議会の可能性を法律上も、あるいは運用でも可能とすることを議論するべきだ。
Z　議決しない	継続審議が妥当。ただし、緊急を要するものは、専決処分は可能だ。

危機状況における専決処分の条件を具体的に示しておく必要がある。179条専決のルール化である(11)。これは、次に議論する180条専決の議論と連動する。

(3) 180条専決の厳格化

地方自治法180条が規定する専決処分を行うことができる事件は、「軽易な事項で、その議決により特に指定したもの」である。この議決は様々である。

この180条専決を「決議」で規定している自治体もあるが、条例、会議規則で明確に規定すべきであろう。兵庫県西脇市市長の専決処分事項に関する条例、滋賀県大津市議会会議条例第6条の5、などである。

(4) 専決処分の承認・不承認の意義

専決処分は、例外事項である。すでに指摘したように、専決処分が行われる場合はある。特に、179条専決は議会の議決事項を奪い取るのだから、その後の議会の承認は不可欠である。理論上、議会が不承認の場合、首長は専決した事項を廃止するか修正することが必要となる。それにもかかわらず、かつては議会の承認が得られなかった場合といえども当該処分の効力そのものには影響がない、という行政実例があった。しかし、その後ようやく、「前項の場合において、条例の制定若しくは改廃又は予算に関する処置について承認を求める議案が否決されたときは、普通地方公共団体の長は、速やかに、当該処置に関して必要と認める措置を講ずるとともに、その旨を議会に報告しなければならない」という条文が追加された（自治法179④、2012年改正）。議会の権限を奪ったのだから、当然である（原理的には、議会の権限を奪ったのだから、議会の意図に即した措置となるべきである）(12)。

議会は報告を受け、承認・不承認を判定する基準を明確にしておく必要がある。

① 不承認の場合には首長の対応が求められることを強く意識し、承認・不承認の議決をする責任があることを再確認する（自治法179④）。

② 専決処分の内容を審議（会期日程の中に審議する日程を十分とる（中心は委員会審査））する。

③　そもそも、専決処分の基準（前掲**表2－4**のリスト）に該当するか、その際、議会としての対応（前掲**表2－5**の議会の対応）を議論する。

なお、180条専決は「軽易な」事項で、議会が委任したものであるがゆえに、首長による報告はあっても、議会による承認・不承認は必要ないという構成になっている。180条専決であっても、その事項が「軽易な」もので議会が委任してよいかどうかを、そのつど反省することは必要である。

法定外の自治事務として設定されている特別定額給付金をめぐる動向では、「自治体議会の無視もしくは軽視」があった（今井2020：19）。「国の補正予算の成立時期にかかわらず、市区町村の補正予算の早期再編・成立に向けて、手続きを進めていただきたい」という国からの連絡事項があった。「これを素直に読むと、市町村は補正予算を議会にかけず、市町村長に専決処分で対処せよ、といっているかのようであり、現に多くの市町村ではそのようにした」。しかも、議会側から専決処分の要望を出したところもある。こうした構造が、「議員のなり手不足問題」を作り出している。

議会改革とともに、地方分権改革の充実、法の支配の確立が必要である。

2－5　議会の危機管理体系

議会の危機管理体系は徐々にではあれ整備されてきた。災害（対策）基本条例、地域防災計画（議決事件の追加の有無）、住宅耐震化促進条例、避難所の機能整備及び円滑な管理運営に関する条例、議会ＢＣＰ・行動指針、などである。これらの多くは、自然災害を対象としているものがほとんどであるが、感染症のまん延への対応などを含み込んだ条例、計画等が必要になっている。

(1) 自然災害に関する議会の危機管理体系

東日本大震災以降、自然災害の危機管理体系は飛躍的に整備された。災害（対策）基本条例、地域防災計画、災害対策関連条例などである。ハザード・マップの作成と啓発も必要である。危機状況においては、自治体が第一線を担う。こうした危機管理体系の構築に議会は積極的に関わるべきだ。

「議会が監視機能、政策立案機能を発揮するのは、災害対策本部が行う予防・応急対策が一段落し、執行機関が議会資料を作成し、説明が物理的に可能になる時期、そして被災住民の生活が一定の落ち着きを見せた後が望ましい」といわれてきた（鍵屋2018：15）。議会が作動できない限定的な場合には、このような状況があることも否定はしない。しかし本著では、復興計画策定時だけではなく、危機状況においても行政とは異なる視点から活動することの意義と作動を強調したい。

事前の災害基本条例の制定、地域防災計画の策定等、及び復興計画の策定等に積極的に関わる議会も登場している（**表２－６**上段）。同時に、議会は独自に危機管理体系を整備してきた（**表２－６**下段、これについては次に検討する）。どちらも日頃の機関競争主義の応用である。ぜひその視点から議会が危機状況に対応することを期待している。

なお、自治体の基本構想（及び基本計画）を議会の議決にする自治体も多い。そうだとすれば、「自治体の形をまるごと作り直すような50年、100年の計としての復興計画（特にその基本構想部分）を議決しないのはおかしい」（廣瀬2018：25）。復興計画を議決事件に追加する自治体も増えている。

表２－６　自然災害に関する議会の危機管理体系

	条例		計画	
	災害（対策）基本条例	災害対策関連条例	地域防災計画	復興計画
自治体の危機管理体系（議会の関わり）	議会提案*（岡崎市、大津市、倉敷市、和歌山市）	議会提案*（札幌市（耐久化促進条例）、川崎市（避難所の機能整備及び円滑な管理運営に関する条例）	議決事件に追加（四日市市）、提言・要望の提出（郡山市、いわき市、横須賀市、宇都宮市、高崎市など）＊＊	議決事件に追加（仙台市、釜石市、大船渡市、気仙沼市、石巻市、東松島市、名取市、鹿嶋市）
議会独自の危機管理体系	災害時の議会の役割を条例で規定（災害基本条例：岡崎市、和歌山市、議会基本条例：札幌市、大津市） 議会・議員の行動指針・マニュアル（議会版ＢＣＰ（大津市）、要綱・行動指針・マニュアル（多数））			

注１：都市問題研究会（2014）、及び板橋区（2014）を参照した。
注２：＊議会提案は、委員会、議員提案を含む。＊＊このほか、所沢市、千葉市、船橋市、市原市、豊田市、大分市、高萩市、ひたちなか市がある。
注3：ハザード・マップ作成と啓発は不可欠である。

⑵議会ＢＣＰ等の要素

議会は、自治体の災害対応に積極的に関わる必要があることはすでに指摘した。議会独自の対応として、議会基本条例における規定、それを踏まえた議会ＢＣＰ、行動指針・マニュアル等の整備が必要である。今日、危機状況における議会の独自対応を事前に明確にするマニュアル等が整備されてきた。議会ＢＣＰ、災害対策会議設置要綱、行動指針・マニュアルである。それらをめぐる論点を示したのが**表２－７**である。

表２－７　危機状況下の議会の対応の論点（議会版ＢＣＰ、災害対策会議設置要綱、行動指針・マニュアル等）

1　議会版ＢＣＰ、議会災害対応指針等の必要性と目的 大津市議会は災害時にも議会機能を可能な限り維持することを目的としてＢＣＰを策定した（ＢＣＰは災害対応だけではなく通常の重要業務も対象とすることで対応範囲、検討分野も広くなる）。大船渡市議会・陸前高田市議会は議会が災害時に特別な体制を構築することで役割を果たそうとしている。
2　災害時の議会、議員の行動指針、役割 ２－１　議会の役割 議会の役割として一般に挙げられるのは、次のとおりである。 • 議員による現地の情報収集及び災害対策本部への提供（議会で一本化することで執行機関に負担をかけないようにする） • 国や県などへの要望活動（他の議会と連携するものも含む） ２－２　議長の役割 害時の議長の役割では、議会の代表としての役割、会議体の設置権限などを与えている。 ２－３　議員の役割 議員の役割として一般には次のものが挙げられている。安否確認報告、地域支援活動、地域情報収集と災害対策会議（議会設置）への情報提供、災害対策本部（執行機関設置）からの情報を地域に伝達、議会が再開されたときは議会活動を優先する。
3　災害時の執行機関との関係 災害発生直後ならば、執行機関は災害対策本部の立ち上げから初動体制を確立し、情報収集と応急対策に全力を尽くす。こうした状況を踏まえて、議員が収集した情報の提供は議会設置の災害対策会議を通して行うなど、執行機関ができる限り災害対応に専念できるよう配慮する。
4　想定する災害 大津市議会は一般的な災害だけでなく幅広く危機事象を対象としている。大船渡市議会は、自然災害を中心とした大規模事故・事件を含んでいる。 〈参考〉 • 大津市議会：地震（震度５強以上の地震）、風水害（台風・暴風・豪雨・洪水・土砂災害などで局地的又は広範囲な災害が発生した場合、又はそのおそれがあるもの）、その他（自然災害のほか、大規模火災などの大規模な事故、原子力災害、新型インフルエンザなどの感染症、大規模なテロなどで、大きな被害が発生した場合、又はそのおそれがあるもの） • 大船渡市議会：議長は、次の場合、災害対策会議を設置することができる。ア　市内で震度6弱以上の地震が発生したとき、イ　三陸沿岸に津波が発生したとき、ウ　市内に台風や低気圧による災害が発生し、かつ、拡大のおそれがあるとき、エ　市内に大規模な火災、爆発その他重大な災害が発生したとき、オ　その他議長が必要と認めるとき

5　議会事務局体制 議会事務局職員は、議員・職員の安否の確認、議会設置の災害対策会議の事務、執行機関設置の災害対策本部からの情報収集を担う。なお、執行機関設置の災害対策本部の任務に当たることを規定しているものもある（千代田区議会）。
6　議会の体制 ６－１　議会設置の災害対策会議の名称 議会災害対策連絡会議（仙台市）、議会災害対策支援本部（千代田区、越谷市）、議会災害対策会議（大津市、大船渡市、陸前高田市）、災害対策本部（北茨城市） ６－２　災害対策組織の構成、所掌事務 ・大津市議会は、できるだけ通常状況と同様に議会機能を維持することを目的として、災害対策会議を調整機能として位置付けている。 ・大船渡市議会、陸前高田市議会は、議会が通常状況と同様には機能しないことを前提に、災害対策会議で要望行動などを行うことを定めている。
7　情報の的確な収集 議会として災害情報の収集方法や災害対策本部との組織的な連絡体制の確立を規定している（執行機関が設置する災害対策本部との組織的な連絡・連絡体制の確立、議員による災害情報の収集（様式：情報収集連絡票））。
8　議会の防災計画と防災訓練 大津市議会は、議会としての防災計画の必要性、及び防災訓練の毎年１回の実施を規定している。
9　計画体系図 大津市議会は、発災から１か月程度までの行動について、災害が休日・時間外などに起きた場合も想定して基本的行動パターンを示している。他の議会でも組織ごとの役割が一目で理解できる体系図を用意しているところもある。
10　計画の運用 議会ＢＣＰ等の見直し（大津市）

注１：板橋区（2014）を主として（大津市、大船渡市、陸前高田市、千代田区、北区（東京都）、板橋区の災害に関する計画・指針・要綱・設置規定・決議を参照）、都市問題研究会（2014）等を参照した。なお、「10　計画の運用」は追加した。
注２：大津市議会ＢＣＰには、発生時期（会議中、会議時間外、議員が自治体内にいないとき）別の対応とともに、計画体系図には、時期（初動期、中期、後期、１か月～（平常時の議会体制へ））が具体的に想定される（後掲資料、参照）。

なお、議会ＢＣＰ等を策定しても課題はある。従わない、あるいは従えない議員、職員もいるだろう。大津市議会の場合、2014 年の台風18 号、19 号の水害で、議会ＢＣＰが策定後初めて作動した。その際、職員の参集はうまくいったが、議員の参集はうまくいかなかった。地元の消防団等に関わっているため、「緊急時の参集順位が高くても集まれなかったケース」もあった（新川2015:19)。この問題を含めて、日々検証することは必要である。

(3)感染症に関する議会の危機管理体系

感染症危機に対する危機感は希薄であった。自然災害に関する議会の危機管理体系（**表２－６**）を、感染症危機を念頭にバージョンアップする必要がある。新型コロナウイルス感染拡大防止では、移動制限が有効であることが認知されている。「移動禁止」は困難かもしれないが、「移動自粛」を明記した条例制定も積極的に提言するべきであろう。

また、危機状況における議会の対応をバージョンアップしたい。他のほとんどの議会の行動指針とは異なり、大津市議会ＢＣＰは、地震、水害だけではなく、その他（大規模火災などの大規模な事故、原子力災害、新型インフルエンザなどの感染症、大規模なテロなど）が対象となる。

大津市議会ＢＣＰは意義あるものであるが、東日本大震災を契機として策定されたために（第1版は2014年3月）、「その他」への対応は希薄である。議会ＢＣＰ等の対象とする災害が限定されているのは、想定する災害の対象が限定されているためである。例えば、大津市議会ＢＣＰでは「地域防災計画に基づく災害対策本部、国民保護計画に基づく緊急事態連絡本部や市国民保護対策本部（以下「災害対策本部等」という。）が設置される災害基準を概ね準用する」からである。

したがって、議会としては議会ＢＣＰの充実（対象の拡大（したがってフェーズや時間軸の設定の再検討））とともに、行政の災害に対する意識改革（したがって感染症危機への対応）も積極的に提案する必要がある。

２－６　危機管理のガバナンス

(1)危機管理ガバナンス

議会ＢＣＰ（事業継続計画）は、危機状況における議会の機能維持を図ることを目的としている。危機を 具体的に想定しながらフェーズ（ステージ：段階）やケース（開会中・閉会中）に即した議会・議員、議会事務局・職員の行動基準、組織体 制、環境整備を定めている。

議会ＢＣＰは、自治・議会基本条例、防災基本条例、災害対策基本条 例、地域防災計画といった条例・計画と連動する。そして、これらの改定（見直し）とそれを担う体制、及び防災訓練の実施が同時に整備・実践されていなければならない。

危機は災害種別単独で到来する場合もあれば、複合して現れる場合もある。その際、対応も複合的になる。また、局地的なものから広域的な災害まで多様である。時間・空間・複合といった複眼的思考による災害対応となる。

まさに、危機への対応もガバナンスの視点から議論・実践する必要がある。本節では議会ＢＣＰの論点を探る。

(2)計画の構成

既に議会ＢＣＰを策定している場合は、その充実とともに感染症対策を追加することが考えられる。たとえば、大津市の「議会ＢＣＰ」の場合、第3 版を継承しながら、「新型コロナウイルス感染症などの感染症に係る業務継続の体制及び活動の基準」の章を追加する。追加が26 頁に及んでおり（2020 年3 月20 日現在)、重要度が高いことが理解できる（8月下旬改定)。

単に既存の計画の活用というより、感染症の場合、自然災害（風水害（暴風、豪雨、洪水等)、地震、火山噴火)、原子力災害・事故災害（航空災害、鉄道災害、道路災害、危険物等災害、大規模火災等)とは異なる議会対応が求められているからである。

もちろん、既に策定されている議会ＢＣＰであっても、既存の計画の中に抜本的に感染症対応を組み込むことも考えられる。どちらにせよ、これを機に「危機」を総体的に把握して計画の構成を考えることが必要 である。

新たに計画を策定する場合には、既存の計画を参照することになる。参照するにあたっては敬意を表すること、そして独自性は重要であるが「水準を下げ

表２－８　議会ＢＣＰの構成

○○市町村議会業務継続計画(議会ＢＣＰ)
1. 業務継続計画策定の目的と想定する災害
業務継続計画策定の目的、想定する災害、想定する災害と議会の対応
2. 災害時の議会・議員の行動指針
議会・議員、議会事務局・職員としての役割
3. 災害時の体制及び初期対応
(1) 災害時の体制の構築
①議会の体制(災害時対策会議、災害時対策会議の開催判断基準、災害時対策会議の職務 代行順位、災害時における議会の役割、議員改選時の役職空白期間の対応)
②議員の体制(議員の行動基準、基本的行動、自己及び家族の安全確保、議会としての対 応決定後)
③議会事務局の体制
(2) 初期対応 審議・対応環境の確保
4. 自然災害時の議会活動(会期中─本会議開会中・委員会開会中・休会中、閉会中)
5. 感染症拡大時の議会活動
(1)感染症に係る発生段階別の考え方、議員の基本的行動、発生時期に応じた議員の行動基準
(2)会議等にあたっての感染対策(3 密対策、衛生対策、感染時等の対策)
(3)一般傍聴者への対応
(4)感染症拡大時の議会活動(開会中、閉会中)
(5)議員・議会局職員等が新型コロナウイルス感染症等に感染した場合の業務体制等
6. 災害対応方針決定以降の対応(情報の収集・集約、情報の伝達・広報、現地調査)
7. 議会の防災訓練
8. 計画の運用と見直し(議会ＢＣＰの見直し、見直し体制、携帯ハンドブック)
9. 計画の体系図: 時系列にみる基本的行動パターン
【書式】【資料】

ないこと」が望まれる（魂を学んでほしい）。

既存の計画を参照しながら（大津市、岐阜県可児市等）、議会ＢＣＰの構成を示したのが**表２－８**である。

(3)災害対策会議の役割：議会運営委員会との異同

繰り返しになるが、議会ＢＣＰは、危機状況で議会の機能維持を図 ることを目指している。議会機能の 維持が可能であれば、(議会)災害対策会議は設置されない。危機状況であっても、議会運営委員会が作動することが第一義的である。それが作動できない、あるいは危機に即座に対応できないことを考慮して、災害対策会議が立ち上がる。

危機状況では、行政の邪魔になら ないためにさまざまな住民からの要望は議会として一元化し、首長等に情報提供することが必要である。この情報提供は行政の施策を豊富化するために有用である。

したがって、「場所・状況・時間・要望（誰の）・図（地図等）」をできるだけ正確に提供する。取捨選択することは求められるが、豊富で迅速な情報が必要である。

同時に、行政がアップアップしているので、政策の偏りを是正するための政策提言が必要である。整合性・総合性・財政という視点を有した政策提言である。特別委員会等による調査研究を踏まえた提言となる。

(4)災害対策会議の作動の基準

災害対策会議の立ち上げの基準について、大津市議会では、「市の災害対策本部等の設置後、速やかに」設置と行政の対応に従っている（自動設置）。設置の基準に悩む場合もあり、時機を失する場合もあるからである。設置が無駄になる場合もあるが、次善の策というわけだ。それに対して、「議長の判断」によることも想定できる（可児市議会：独自設置）。議長は、設置の基準を明確にするとともに、実際に行政の意向 を見ながら開催することになるので「設置後、速やかに」は必要ない。ただし、基準が明記されているとはいえ議長判断に委ねることは、時期を逸してしまう可能性もある。その場合、構成メンバーの副議長、議会運営委員会委員長による開催請求権も認めるべきである[13]。

(5) 首長等との関係

議会ＢＣＰはあくまで、議会が業務を継続することを目指す。とはいえ、危機状況では首長等と連絡を密にし協力しながら危機を乗り越えねばならない。その際、議会事務局長が災害対策本部の正式な構成員に組み込まれ、議会事務局職員はその本部の下で避難所配置の役割を担うこともある。情報共有について意義があるが、首長の指揮命令系統に入ることになる。こうした発想では、議 会は独自に動くことが困難だ。議会 事務局長は本部の構成員ではなくオブザーバーとして参加すること、議会事務局職員は本部下の職務を免除（必要によっては議長への要請後に配置）が必要である（大津市議会）。

なお、議長が本部にオブザーバーとして参加することは意義がある。議会と行政、議員間の情報共有が容易で正確となるからだ。とはいえ、さまざまな役割を考えると議長の参加を義務化するわけにもいかない。

＊

議会の機能維持を目的とすると、どうしても議会運営が主となり、住民との接点が疎かになる。被害を被っている住民に対する対応が遅くなっては、議会の存在意義を果たせない。「情報の伝達・広報」など、住 民との接触を主に位置づける必要がある。議会運営だけではなく、危機状況での住民との意見交換の際にもオンラインは活用できる。危機状況でこそ、「住民と歩む議会」を作動させることだ。その意義を日常的に住民と語ることも必要である。

＊　＊　＊

阪神・淡路大震災でも、東日本大震災でも、議会・議員の活動については批判的な見解が聞かれた。しかし、すでに指摘したように、行政の論理とは異なる議会活動は危機状況にも重要である。先駆的事例を発掘し教訓とすべきときである。事前の危機状況への対処とともに、危機状況に直面した場合には日常活動が生かせることを議会は肝に銘じるべきであろう。危機状況には日頃の議会活動が問われる。

資料　大津市議会BCPの「計画体系図」

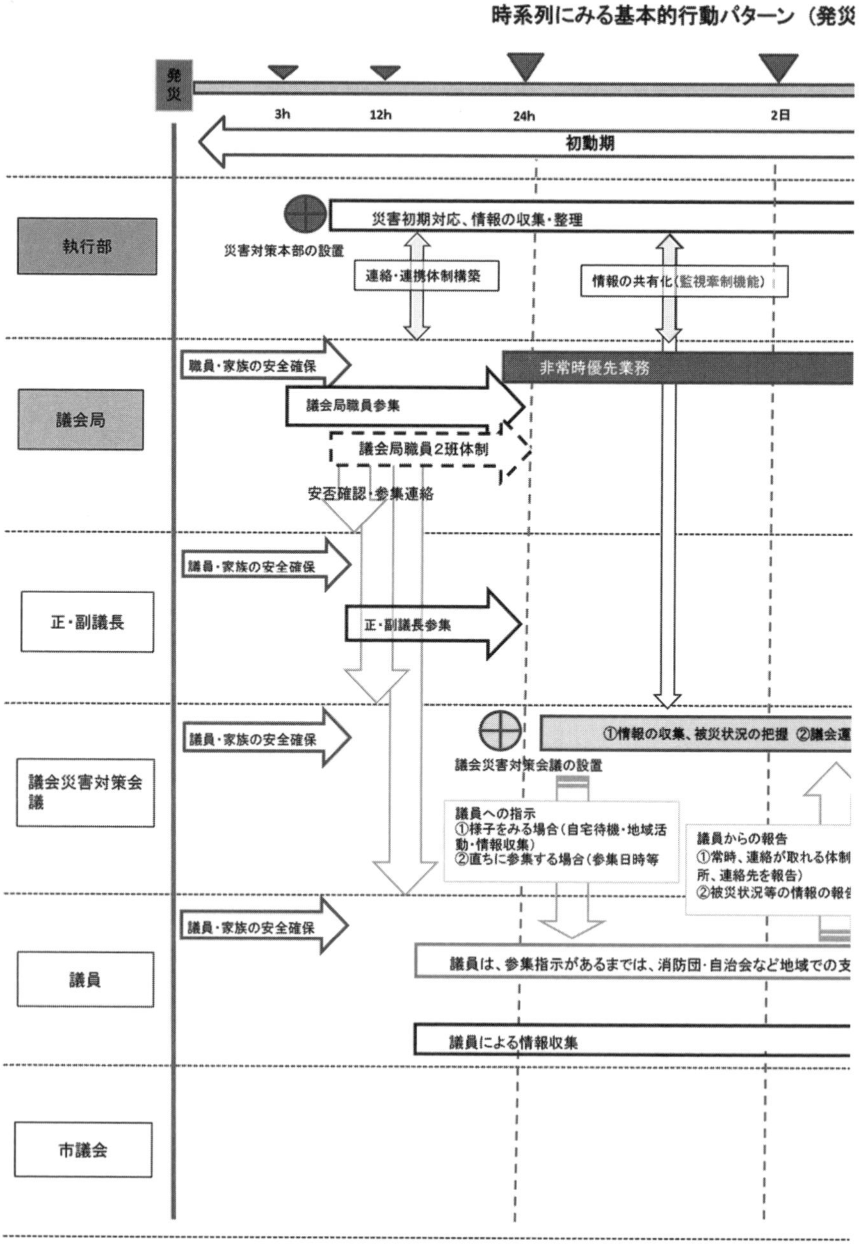

(大地震)が休日・時間外に発生した場合～)

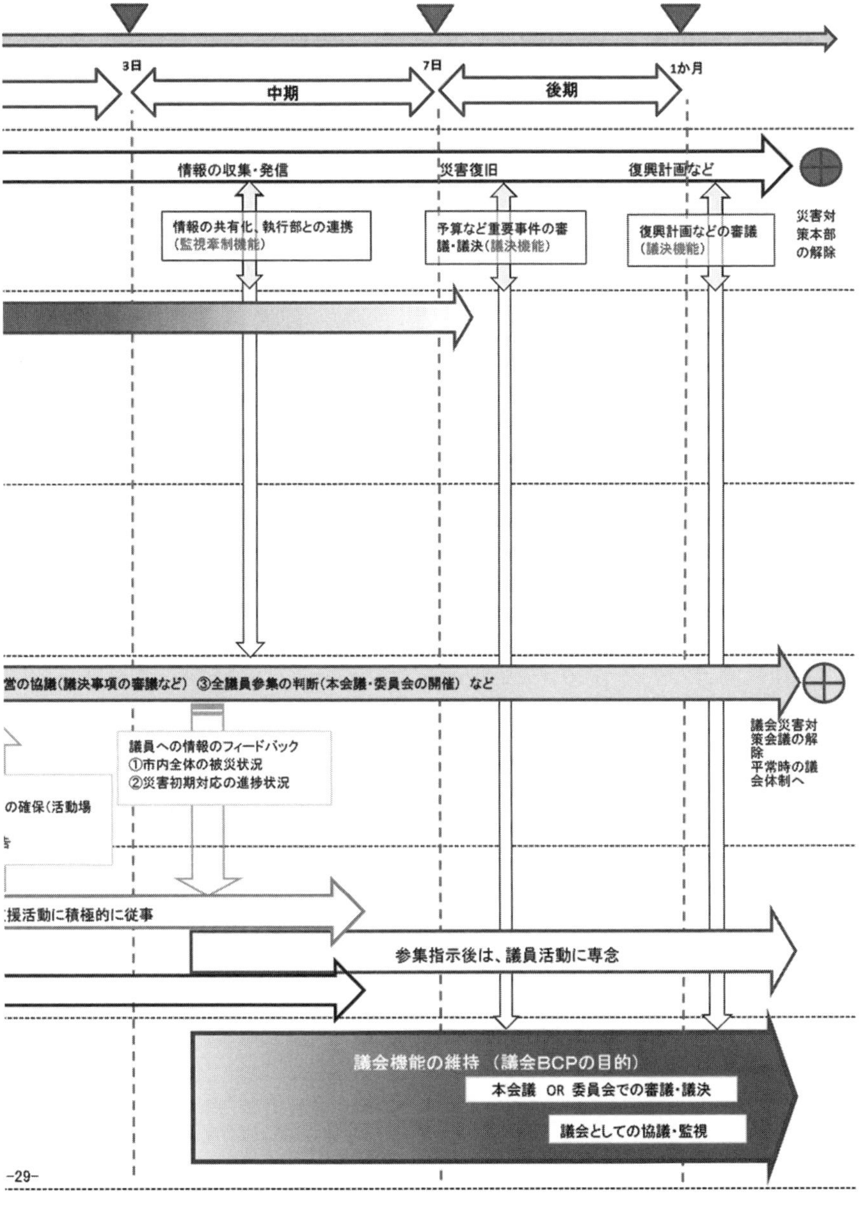

3日
7日
1か月
中期
後期
情報の収集・発信
災害復旧
復興計画など
災害対策本部の解除
情報の共有化、執行部との連携（監視牽制機能）
予算など重要事件の審議・議決（議決機能）
復興計画などの審議（議決機能）
営の協議（議決事項の審議など） ③全議員参集の判断（本会議・委員会の開催） など
議会災害対策会議の解除
平常時の議会体制へ
議員への情報のフィードバック
①市内全体の被災状況
②災害初期対応の進捗状況
の確保（活動場
援活動に積極的に従事
参集指示後は、議員活動に専念
議会機能の維持 （議会BCPの目的）
本会議 OR 委員会での審議・議決
議会としての協議・監視

-29-

注

(1)　陸前高田市議会は、陸前高田市議会災害対応指針、陸前高田市議会災害対策会議設置要綱、及びこれらの具体的な行動として陸前高田市議会災害対策行動マニュアルを策定している。

(2)　一般質問の取下げや傍聴中止は、住民自治を進める議会からの逸脱である。2020年第1回定例会（3月議会）では、換気、マスクの着用等の措置を施して通常どおりの議会運営を行った議会が多いのではないか。一般質問の取下げは次善策である。

(3)　例えば、新型コロナウイルス感染症対策では、緊急事態の対応のほとんどは自治体が担う。緊急事態宣言は、首相が対象地域と期間を設定するが、それを具体化し、実践するのは対象地域の知事である（ただし、新型コロナ特措法では、知事は施設の休止を要請・指示できるが、感染拡大防止対策は政府による基本的対処方針に基づくとも規定していることで自治体と国の対立もある)。また、国任せではない対応が自治体には問われる。安倍晋三首相による緊急事態宣言（2020年4月7日、第一次)後に、各対象地域の知事は記者会見を行い今後の対応を明言した。それ以前にも北海道知事による緊急事態宣言や、大阪府知事による独自の感染者対応策（軽症者はホテルでの宿泊療養など)等といった対応を独自に行ってきている。「法的根拠」以前に、自治体は動ける。それにもかかわらず、「法的措置」頼みは、地方自治とは無縁な発想だ。全国知事会は、「休業による損出、国が補償を」行うことを提言することを決めた（4月8日)。「闘う知事会」の再登場の機会にもなる。

(4)　新型コロナ特措法は、新型インフルエンザ等対策特別措置法の略称であり、2020年改正された。

(5)　筆者は、自治体の危機には、内部統制型と災害型のほかに、二元的代表制の作動ができず首長主導型経営だけで行われることに対する危機も念頭に置いている。日本の地方自治は、通常問題なく作動していても、危機状況や議会が首長の意向に反対する場合に亀裂が生じ、首長が住民を味方につけて議会を否定して政治運営を行うことが可能な制度である。この危機は、災害型危機に当たって加速する。危機の強調は、首長の作動を肯定し、議会の沈黙を要請する議論に親和性がある。最も民主的だといわれたワイマール共和国の時代に、カール・シュミットは危機を強調し、危機状況には大統領独裁が必要だとしてナチズム政権に道を開いている。危機の認識は重要である。危機の強調で思考停止に陥るのではなく、危機を具体的に想定し、大統領に全権委任するのではなく、具体的に民主的統制を構想する必要があった。例外の極端な強調とは異なり、危機を常態の議論の中に含み込むことが、全権委任の独裁者を呼び起こさないことにつながる（江藤2011)。本著では、危機状況を具体的に検討して、それへの議会対応を検討している。

(6)　映画『アウトブレイク』(ワーナー・ブラザース、1995年、出演者：ダスティン・ホフマン、レネ・ルッソほか)でのウイルスである。

(7)　筆者は、検証によって実効性ある提案が可能だと主張してきた。危機状況では、原則を保持しつつ変更も柔軟にあってよいし、その場合、原則とルールを設定しておく必要がある。

(8)　議事堂は、「本会議場、傍聴席、委員会室、議員控室、議長及び副議長室、応接室、議会事務局の事務室、図書室その他の議会活動に必要な一切の物的施設」と定義されているが（地方議会運営研究会2014：165）、ここでは本会議場、傍聴席、委員会室をまずもって想定している。

(9)　通常状況でも、「青空議会」、「地域議会（様々な地域で開催する議会）」を行うことも想定している。

(10)　2006年地方自治法改正以前では「議会を招集する暇がないと認めるとき」となっていた。改正によって限定・厳格化した。

(11)　軽易でもなく議決による事項でもない「地方税法等の一部を改正する法律」の公布に伴う「税条例」及び「都市計画税」の一部改正が3月には必要になる。税に関わる重要な条例であるが、裁量がほとんどないことから、179条専決を慣行としている議会も多々ある。その場合でも、事前に閉会前に報告を受けたり（兵庫県宝塚市議会）、会派代表者会議で首長から説明を受けて専決処分を「了承」したり（福島県会津若松市議会）する議会もある。

なお、通年議会を実施している議会では、この179条専決は理論上不可能になる。

(12)　議会として首長の措置が妥当ではないと判断すれば、さらなる措置を首長に要請することになる。その際、条例については議会に修正・否決権限があるがゆえに、議会側から修正・廃止の提案もできる（幸田雅治神奈川大学教授より示唆を受けた）。

(13)　改選時で役職が不確定の場合は、改選前の前役職者をまずもって想定して体制を組むことを明記しておく必要がある。

参考文献

板橋区議会（議会改革調査特別委員会）（東京都）（2014）「緊急時における議会のあり方検討について（資料）」

今井照（2020）「新型ウイルス感染症対策と地方自治――『日本モデル』と法の支配」『自治総研』2020年7月号（通巻501号）

江藤俊昭（2011）「地域政治における首長主導型民主主義の精神史的地位」法学新報118巻3号

江藤俊昭（2012）『自治体議会学』ぎょうせい

江藤俊昭（2016）『議会改革の第２ステージ』ぎょうせい

江藤俊昭（2016－）「新しい議会の教科書」『議員NAVI』2016年5月25日号～

鍵屋一（2018）「災害時における議会・議員の役割の基本的考察」地方議会人2018年３月号（「特集 議会ＢＣＰ（業務継続計画）」）

鍵屋一（2019）『図解よくわかる自治体の地域防災・危機管理のしくみ』学陽書房

全国町村議会議長会編（2019）『議員必携〈第11次改訂新版〉』学陽書房
地方自治研究機構（2017）「市区町村等の内部統制型リスクマネジメントに関する調査研究」
地方議会運営研究会編（2014）『地方議会運営事典〈第２次改訂版〉』ぎょうせい
都市問題研究会（全国市議会議長会）（2014）『「都市における災害対策と議会の役割」に関する調査研究報告書』
新川達郎（2015）「災害時における議会の役割」『アカデミア』VOL.113（2015年春号）
新川達郎（2018）「議会の危機管理」『地方議会人』2018年３月号（「特集議会ＢＣＰ（業務継続計画）」）
廣瀬克哉（2018）「大災害時の自治体議会」『ガバナンス』2018年3月号

＊このほか、『地方議会人』2018年３月号（「特集議会ＢＣＰ（業務継続計画）」）（上記の新川達郎、鍵屋一各氏の論文、西川裕也氏の論考のほか、芽室町議会、陸前高田市議会、大分市議会の危機管理の動向の現地報告が掲載されている）、『ガバナンス』2018年3月号（上記の廣瀬克哉氏の論文のほか、今井照、稲継裕昭、櫻井常矢各氏の論文が掲載されている）、「大津市議会ＢＣＰ（業務継続計画）〈第1～4版〉」等の計画・行動指針・マニュアル及び自治体、あるいは企業の危機管理に関する著書・論文を参照した。

（江藤俊昭）

第3章
パンデミックと議会

３－１　新型コロナウイルス感染症流行と危機管理

３－１－１　危機管理政策とは何か

執筆時点で日本も世界も、新型コロナウイルス感染症のパンデミック（世界的大流行）という重大な危機に直面している。人から人への強い感染力と、高いところでは患者の10％に達する死亡率が、世界各国の人々に重大な災厄となっている。また同時に人類がこれまで創り上げてきた保健医療システムに対する重大な挑戦にもなっている。

実は近年私たちはこうした災厄に頻繁に直面することになっている。一つは自然災害であり、地震や津波、台風、水害などである。いま一つは、福島第一原子力発電所事故のような人の活動に起因する事故災害である。そして今回の新型コロナウイルスもそうした重大な災害の一つである。

災害対策も、個人的に、個別的に対処できる範囲であれば、政策的には個人の福祉や健康を守るそして暮らしを守る個別的な対応でよいし、従来からそうした体制は健康保険制度や生活保護制度などで確保されてきた。また、経済活動、事業活動についても、個別の問題に直面した時の事業支援策は、特定の産業や業態について、例えば中小企業や商店街などについて振興策等がとられてきた。

しかしながら大規模な自然災害や人為的災害、そして今回の新型コロナウイルスのような場合には、従来の個別対応では問題解決ができないし、被害を抑制することもできなくなる。つまり、緊急の大規模な災害が社会全体に一挙に影響を及ぼすことがあり、その対応は従来型の対策ではなく緊急時に即応した対策を私たちは準備しなければならないのである。

危機管理政策（リスク・マネジメント・ポリシー）は、そうした災害対策の基本的な考え方であり、それに基づいた危機管理計画が非常事態、緊急事態には発動されて問題への対処をすることになる。通常この危機管理計画は、あらかじめ危機事態を想定し、その危機の度合を評価し、事前の対応策をとるとともに、緊急事態発生時の行動そして災害からの回復措置を準備することになる。

3－1－2　危機管理の手順

具体的な危機管理の手順について整理しておこう。

第１に、危機の予防である。そもそも危機事態が発生しないように芽の段階で摘んでおくという意味で、危機発生を予防するのである。危機が発生しない行動や環境を用意することが基本となる。

第２に、危機事態の把握である。いくら予防しても、危機事態は外部から発生してくることが多く、また想定できないような危機も多い。そうした危機事態や状況を把握することや、想定外の危機があることを認識しておくことが重要となる。

第３に、そうした危機の評価をおこなう。この危機事態によって国民の生命や財産などにどの程度の損失があるのかを評価するのである。危機によって生じる損失・被害を評価するのは、復興に必要な金銭的な価値が用いられることもあるが、人命や社会文化、歴史風土、自然景観など金銭価値に換算できないものも多い。そうした観点も可能な限り取り入れつつ、評価していく。そしてそれらの対策の評価を行い、危機対策にかかるコストを評価するのである。これが危機管理対策にどこまでの資源を振り向けるかのコスト計算の基礎となる。

第４に、危機事態がどの様なものであるのかの検討の結果から、具体的な危機対策の行動方針と行動計画を案出し検討することになる。とりわけ危機事態にあっても組織や活動の維持ができるかどうか、いわば業務継続計画（Business

Continuity Plan：ＢＣＰ）が課題となる。

第５に、危機事態が発生すると、それに対して対応方策の発動が的確に行われることである。具体的な危機管理の行動計画を発令し、あるいは指示するのである。業務継続計画が機能することにもなる。

第６に、危機事態に対して発動した対応策が、危機状況に対して有効であるかどうかを再評価しなければならない。危機事態にあってそれを生き抜くことができるかどうかが問われるのである。

危機事態の対応評価は、さらに二つに分かれており、一つは、危機内再評価である。危機発生中において、危機管理の行動計画に基づいて実施されている点・または実施されていない点について効果の評価を随時行い、行動計画に必要な修正を加えることになる。

いま一つは、事後再評価である。危機事態の終息後に危機対策の効果の評価を行い、危機事態の再発防止や危機事態対策の向上を図ることになる。

３－１－３　感染症対策の枠組

日本の大規模災害対策等については、災害対策基本法が制定され、関連諸法とともに、災害対策の基本的な方針や計画が、国と地方自治体で策定されている。そこには自然災害から事故災害、疫病の大流行まで含めて危機事態が想定され、それに対する予防措置や緊急事態発生時の対策、緊急時の救援策、災害後の復旧復興策などが計画されている。またそれらを進めるための災害対策本部体制や幅広く社会全体の各種団体・組織や事業者を加えた対応体制の準備もされていることになっている。

今回の新型コロナウイルスについていえば、確かに感染症対策についても、災害対策の基本方針や計画に盛り込まれているし、医療や保健所に関する諸法による対策が進められている。また新型インフルエンザ対策のために制定された感染症対策特別措置法を改正適用することにした。なお地方自治体レベルにおいても、感染症予防計画は、都道府県や政令指定都市などでは法制定時にすでに策定されている。

さて、今回の新型コロナウイルス感染症への対策は、まだこれから感染のピークを繰り返し迎えることになる。事態の終息の予測が立てられないこと、被害が生命健康だけではなく社会経済全体に行き及び始めていることなど、いわば想定外の大災害となっている。危機管理政策にとっても重大な試練なのである。この危機管理政策問題について、2020 年の終息が不確実な状況における限られた範囲ではあるが、以下、検討をしてみたい。

3－1－4　新型コロナウイルスによる感染症対策の開始

新型コロナウイルスの感染は日本でも世界でも広がっている。すでに多くの方々が治療を受け、残念ながら亡くなられている。昨年12 月に中国で発生が報告されて以来、世界的流行とされるパンデミックが世界保健機構（WHO）でも言われている。2020 年８月31 日時点でみると、ＮＨＫがまとめた発表では日本の感染者数68516 名、死者1298 名、横浜港に着いたクルーズ船の感染者は712 名、死者は13 名となっている。WHO などの報告によると８月31 日には世界全体でみると、累計の感染者数25118689 名、死者844312 名となっている。すでに終息に向かっているとされる中国や、感染拡大のピークを越えたとされる韓国などいくつかの国々を除けば、世界各国で、そして日本でも感染者数が増えている。８月末時点では、ヨーロッパから北米、そして南米の感染の増加数が著しいが、今後は、アジア各地そしてアフリカ諸国など他の国々や地域にも広がっていくのではないかと懸念されている。身近な地域でも感染者や犠牲者の情報は日々増えており、日本全国で感染者が未確認の都道府県は一つもない情況になっている。

新型コロナウイルスによる感染は、一つはくしゃみや咳などによる飛沫を吸い込むなど通じての感染であり、いま一つは飛沫が付着した身体や物体を介して感染する接触感染といわれている。そのため、咳やくしゃみのエチケットとしてマスクやハンカチ、袖などで飛沫が飛ばないように抑えることや、外出などでウイルスが付着しやすい手を頻繁に洗って感染の媒介を防ぐことなどが、自衛手段として強調されている。また、社会的距離戦略が重要であるとして、密閉された空間（密閉空間）を避けること、多くの人が集まる場所（密集場所）に行かないこと、他の人と身近に接して会話などをする機会（密接場面）を避けることが、強く推奨されている。具体的には、大規模イベントや集会、ライブハウスや飲食店などに注意するように指摘されている。

感染の特徴から、少人数の集団（クラスター）における感染の広がりがみられる。具体的には、病院、福祉施設、歓楽街の飲食店やクラブなどで、数人から数十人規模の小規模なクラスターによる感染が発生している。大学や学校等での流行においては、学生の行動の中で、こうしたクラスターの発生が懸念されている。

しかしながら、流行が進む時期になると、感染経路を特定できない場合も発生しており、それが急激な感染拡大（爆発的蔓延＝オーバーシュート）につながる恐れがあるといわれてもいる。首都圏や関西圏など大都市地域では、その傾向が見られるのである。

３－１－５　感染症の流行と対策

この間に、小中学校、高校そして大学においても、感染症対策として休校や遠隔授業が行われ、5月以降は徐々に解除されてはいるが、いまだにその影響は残っている。集会や出張の自粛が進み、３月の卒業式や４月の入学式など大規模集会は中止となり、人と人とが対面する機会を極力減らすために、大学などでは４月からの授業の実施を遠隔方式に変更するなどの対策をとっている。こうした方針は、国や地方自治体による感染症対策に基づく自粛要請によるものであるが、同時に、学校側の災害対策の観点から自主的に判断して行動しているところでもある。こうした自粛は、大学や学校の休校に限らず、地方自治体や事業者の企業活動においても進みつつある。

諸外国で蔓延が進んでいるところにおいては、報道されているように、外出禁止や都市の封鎖（ロックダウン）が３月から５月にかけて実施され、外出禁止などの強制的な隔離が行われた。その後、終息が見られるところではロックダウン解除が行われるも、解除後は６月から７月にかけて再び感染症の再度の拡大傾向が進み始めており、再度のロックダウンに至る場合も出ている。

日本でも、新型インフルエンザ特別措置法を改正して新型コロナウイルス感染症に適用することとした。この改正特別法に基づいて緊急事態宣言を行い、私権制限を含めた強制的な措置をとって感染症対策を進めることとした。4月7日には東京や大阪などの大都市圏を中心にそして16日には日本全国の都道府県に緊急事態宣言を出し、都道府県知事は自粛要請を行うなどの措置をとることになった。都道府県によって多少の違いはあるが、学校や飲食店、集会施設などの営業自粛が進んだ。5月25日には、緊急事態宣言の解除を行ったが、解除後の6月には再度感染拡大が広がっていったこともあり、その後７月に感染拡大の再度のピークを迎えたとされている。8月末時点では新規感染者数は減少しつつあるが、いまだ終息がみえるような状況にはないというのが全般的な判断であろう。

今後の動向は予断を許さない。地域的にみても、大都市圏を中心に爆発的蔓延が進む可能性もあるとみられている。その引き金となる感染ルートを特定できない感染者が増え始めているし、大規模な集会やイベントの自粛（5000人以上）も8月末には継続している。今後の推移によっては、移動の制限や事業活動の中止などを含む自粛やそのほかの強制措置が指示される緊急事態が再び宣言される可能性もある。

3－1－6　日本における新型コロナウイルス感染症対策の経過

この感染症をめぐっては、中国の武漢における発生から最初の日本での感染者確認がある2020年１月には、日本国政府も監視体制や検疫体制の強化を行った。特に航空会社などで乗客に健康カードの記入の依頼や、自己申告の呼びかけ、流行地域からの入国者の健康状態の把握に努めている。また２月１日には、感染症法に基づく「指定感染症」と検疫法の「検疫感染症」に指定する政令を施行した。新型コロナウイルスを指定感染症として、地方自治体の届け出義務や感染患者に対する措置の方法、患者の退院や就業制限について通知している。なお国立感染症研究所の検査以外にも地方衛生研究所の検査体制整備も進めている。国民への呼びかけとしては、新型コロナウイルスの感染が広がっていることから、手洗い、咳やくしゃみのエチケットとしてマスクの着用などを要望している。また、帰国者・接触者相談センターを設けて、一定の症状のある場合の帰国者接触者外来の紹介をすることを告知している。

2月3日にはクルーズ船ダイヤモンドプリンセス号の横浜到着があり、3週間以上船内で隔離するなどの経緯もあって批判もされたが、700名を超える感染者があった。また、中国の武漢からの帰還のためのチャーター便を飛ばしたが、そこからも感染者が発見された。

国内での感染者が2月中に200名近くになり、政府は基本的な対策について新型コロナウイルス感染症対策本部決定による基本方針を、2020年2月25日に明らかにしている。そこでは、感染症の早期終息を目指すこと、患者の増加速度を抑制し流行規模を抑えること、重症者の発生を最小限にすること、社会経済へのインパクトを最小限にすることが掲げられている。そのために、指定医療機関では重症者を優先すること、今後は一般病院でも受け入れ態勢を構築すること、また国民には軽症の場合には外出自粛、感染しやすい場所に行かない、事業者等にはクラスターの発生など感染確認があった場合には関連施設の休業やイベント自粛、時差通勤やテレワークなどが求められることになった。この基本方針発表の翌日2月26日に安倍首相は大規模なスポーツ・文化イベントの2週間自粛、そして28日には小中学校と特別支援学校の3月2日から春休みまでの臨時休校の要請を求めた。25日段階では、地方自治体の判断にゆだねられていた休校等の措置は、全国で一律に進められるものに変化した。もちろん休校はそれぞれの地域の事情に応じた柔軟な対応を求めた文部科学省通知もあって、一律ではなかったが、ほとんどの学校の休校が行われることになった。

3－1－7　初動期の感染症対策

３月に入っても感染者数は増え続け、３月13日には、新型インフルエンザ等対策特別措置法の改正が成立し、14日には新型コロナウイルスにも適用されることになった。これによって、３月26日には、法律に基づいて、新型コロナウイルス感染症のまん延のおそれが高いことが厚生労働大臣から内閣総理大臣に報告され、同日に、法に基づく政府対策本部が設置された。そしてこれ以降の焦点は、事態の推移に従って、緊急事態宣言を出すかどうかが争点になっていく。なお政府の緊急事態宣言は首相が地域を指定して行うが、当該地域の都道府県知事には、臨時の医療施設開設などのための土地建物の強制的使用、医薬品や食料の強制的収用、外出自粛やイベント開催制限の要請や指示、学校や商業施設の使用制限の要請や指示ができることになる。

この間も、実質的にはイベントの自粛や休校が続くが、地方自治体として緊急事態宣言をして一定の効果を得られた北海道では感染の増加が止まり始めた。その一方では全国的な感染者数の拡大はとどまらず、マスクをはじめとする医療物資や生活物資の不足が問題になり、経済活動も停滞して生活問題になり始めてきた。そのために個別に物資の安定供給に向けての対策をとりつつ、また感染に関するサーベイランスや患者対策を進めてきた。

3－1－8　感染症対策の本格的発動

そして３月28日には、政府の新型コロナウイルス感染症対策本部決定として、新たな対処方針を明らかにしている。そこでは危機管理上の重大な課題として、国民の生命を守る方策をとったが、大規模流行の恐れは依然強いという危機感を示している。そのために全般的方針としては、クラスター対策等による感染速度の抑制、サーベイランスと情報収集及び医療提供による重症者と死亡者発生の低減、経済・雇用対策による社会経済機能への影響の抑制を掲げている。そして具体的な重要事項には、1.情報提供・共有による国民の感染防止への適確な行動、2.サーベイランス・情報収集を進める患者の把握や検査体制強化、3.まん延防止として都道府県や市町村等による外出やイベントの自粛要請、健康観察やクラスター対策、事業者と連携したテレワーク、外国からの水際対策など、4.医療については感染の状況に応じた地域ごとの医療体制の確保、5.経済・雇用対策としてフリーランス等の雇用対策や生活保障、事業者等の事業継続支援、6.その他留意事項として人権への配慮、物資・資材の供給確保、関係機関との連携などがあがっている。この対処方針はその後も時点修正を加えながら、5月の緊急事態宣言の解除に向けて変更されている。この間にホテル等の営業、飲食店営業、その他の業種ごとの感染防止対策などが次々に発表されている。その後も同様であり、政府は、日常生活や経済活動にかかわる様々な分野での感染症対策を発表している。

なお、一連の対策によって、経済活動が大幅に制限されることになり、国民経済的には極めて重大な影響を及ぼしてきた。そのため、「新型コロナウイルス感染症緊急経済対策～国民の命と生活を守り抜き、経済再生へ（令和2年4月7日閣議決定、4月20変更）」が策定されて、補正予算措置も行われている。2020年4月30日には第一次補正予算が成立し、約26兆円の感染症対策や関連経済対策が盛り込まれた。さらに6月12日に成立した第2次補正予算は総額32兆円であり、企業の資金繰り支援、事業者への家賃支援、持続化給付金など経済対策が進められている。

3－1－9　危機管理政策と議会の課題

新型コロナウイルス感染症問題は、現在進行中でなお被害が拡大中の危機事態といえる。その最中にあって、危機管理政策上の課題として、危機管理の基本に対応させながら現時点で指摘できそうな点に触れておきたい。これらはまた、議会にとっても今後の危機管理政策における重要な論点でもある。

第1には、予防ないしは防止という観点からの危機管理である。想定外のウイルスということもあるが、そうした事態への対応がこれまでにも指摘され準備されてきていたはずである。被害の程度についての評価や、あらかじめ対策にかけるべきコストの算定が妥当であったのかという問題が指摘できよう。韓国との比較では感染症対策のための医療や検査体制の準備不足も指摘される。感染症対策における危機事態の評価が適切であったかどうか、想定外であれ危機の規模を低減できる対策をとることができていたかどうかは、事後的にであれ、検証しておく必要があろう。同様に地方自治体の防疫体制や準備が充分であったのかは、議会による予防対策の重要な論点となる。

第２には、感染症対策発生時の緊急時対応である。今回の新型コロナウイルス感染症への対応については、初動期の遅れと同時に拙速な根拠のない対策がしばしば批判的に指摘されている。医療崩壊を防ぐとかパニックの防止とか深読みをする向きもあるが、優先順位付けが明確であったのか、そしてはやりの言葉でいえばエビデンス（根拠）に基づく政策決定であったのかが問われることになる。地方自治体では、国の方針に従うという指示待ちがしばしば見られたが、同時に議会のチェック機能が働いたかが問われている。

第３には、危機事態発生後の危機管理に対する評価と修正が適切に実施できたかである。危機事態に際して管理の実施段階においては、状況の進展に応じて政策の適確な変更が必要となるが、そうした対応ができていたのかが問題になる。議会本来の事後的ではあるが監視権限と議決権の行使やその検討が求められている。

第４には、発生後の対応と関連するが、基幹的な業務や機能の継続が、一時的には中断されるかもしれないが、回復ないしは継続できているかであろう。業務継続計画が機能しているかが問われている。執行機関に対する議会の監視機能発揮と同時に議会の本来活動が維持できているかも問われている。

第5には、危機管理政策が危機事態終了後に機能できたかどうかの評価分析は必須であるが、これは議会にとっても今後の課題といえよう。

最後に、危機事態の終息後の復旧復興である。これまた今後の課題となるが、危機事態の最中にあっても、災害後の事態を適確に想定し復旧復興に備えておくことは、復旧復興の速度を上げることになる。復興の速度が上がることは、実は被災の程度を大きく縮減することにもつながるのである。「新しい日常」の中で、社会経済活動の復興を目指すことは、議会の本来的役割でもある。感染症流行下にあっても、今後を見通して政策議論をするのも議会の基本的な使命といえる。

なお、これらの問題は、政府や地方自治体の課題にとどまらない。大学や各種団体、企業や事業者そして家庭や個人においても、考えておくべきところが多いのではないだろうか。そして、次に備えることが本当は重要な課題かもしれない。

参考文献

中邨章（2020）『自治体の危機管理―公助から自助への導き方―』ぎょうせい
西村康稔（2014）『命を守る防災・危機管理』プレジデント社

3－2　感染症対応とこれからの議会改革

3－2－1　感染症と議会の対応

新型コロナウイルス感染症の流行に対し、本年４月、政府は緊急事態宣言を行った。対象地域は大都市圏で、その知事には外出や営業の自粛の要請や指示の権限、医療に関連する施設や物品の収用などの権限が付与された。感染症自体は本年１月に既に報告され、２月にはクルーズ船の寄港問題があり、政府でも２月に第１次の対策方針を立てた。こうした事態を受けて、地方自治体でも感染症対策本部を執行機関に設けて対策に当たってきている。また３月議会の会期中には、議会として組織的に対策を始めるところが増え、休会を含めて様々な対応が見られた。

地方分権一括法の施行から20年を経る中で議会の災害対応は、理想的かは別として、進んできている。この議会改革は、議会の自己改革と地方自治制度全体に及ぶ法制度改革の両面で実現してきた。議会の自己改革は、議会それ自体の権限に基づいて、いわば議会の自主性自立性の発揮として、その運営方法や対住民関係、また執行機関との関係に変革を加えてきた。また地方自治法の改正をはじめとする議会制度改革は、基本的には議会の自由度を拡大する改革と、執行機関に対する権力均衡（権力分立）を回復しようとした側面もある。

議会改革の評価は、議会の理想に対して何ができたのか、またどこまで進んだかという観点からは区々であろう。とはいえそうした議会改革の一環が議会の災害対策である。これまで議会は災害対策とは無縁と考えられてきた。災害対策基本法は知事や市町村長に権限を与え、執行機関中心の災害対策の計画や実施を定めてきた。今回の感染症対策もそうであるが、関連する諸法も執行機関中心の災害対策や感染症対策を前提としてきた。しかし地方分権一括法以後、とりわけ東日本大震災を経験して、それら災害に対して議会の側が主体的に対応を始めたのである。

このように議会における災害対策の転換点は、一つは地方分権改革とそれに続く地方自治法改正による議会制度改革である。地方分権改革では地方自治体の自主性自立性をよりよく発揮するために議会の活性化が必要だとする勧告があり、そのためには議会に対して従来からある権限を活用することと議会活動を支援する組織体制の充実を求めることになった。また地方制度調査会は地方分権改革以後の議会のあり方について、その自主性自立性の確立のみならず、執行機関との関係についても、議会の招集権問題をはじめ専決処分の基準明確化や不承認の法的効果、決算不認定の法的効果など、議会権限の確立を目指して少しずつ進み始めている。

３－２－２　新型コロナウイルス感染症対策と議会対応の課題

災害対策は実際に災害時にそれが機能するかどうかが肝心なので、マニュアルやＢＣＰの策定があればよいということではない。計画やマニュアルに沿って実行ができるかが問われているし、そのためには普段からの訓練と意識づけが大事だともいわれている。そうした観点から、今回の新型コロナウイルス感染症対策は、それぞれの議会においてどのように対処されたのであろうか。

いうまでもなく、感染症対策は災害対策基本法が想定する災害の一つであり、そのための予防策や緊急時対策、さらには救援救護策をとる体制やその準備があるはずである。地方自治体でも感染症対策本部を設置し、マスクなどの必要機材を備蓄し、緊急時の防疫班を編成することとしている。また、新型インフルエンザ等感染症対策特別措置法は、地方自治体の責務を定めており、感染症対策計画を策定するよう求めている。都道府県知事には、周知のように非常事態宣言の地域指定時には、施設等の閉鎖の要請や指示、医療のための土地収用や機材の収用権限なども与えられている。

今回の新型コロナウイルス感染症が今後どのように爆発的にまん延するのか不確実であるが、世界的に大流行とされるパンデミック宣言が世界保健機構（WHO）からはだされている。この非常災害の規模や性質が想定外というのは簡単であるが、災害リスクが想定外のものが多いことはいうまでもないし、それに対応して被害の程度を減らすことが防災対策の要諦である。

３－２－３　議会の感染症対応

それでは地方自治体において議会はどのように対応していたのか。実際には感染症対策に関しては様々な対応に別れていた。

第１の対応は、議会の審議や日程の短縮ないしは効率化である。3月議会においては予算議案など重要案件があること、そして執行機関が対策に忙殺されていることから、議会の審議を効率化するあるいは先延ばしにし、審議期間を短くし、休会を設けて執行部の負担を軽くすることが行われた。同様の趣旨で、一般質問については、６月議会への先送りや、その時間や日程を短縮すること、また再質問を取りやめること、理事者側の出席者を大幅に減らすこと、質問と回答を文書によることとしたところもあった。

第２には感染防止対策である。住民の安全を守るため濃密な接触の機会を減らすという趣旨から、傍聴を取りやめる議会が多かった。傍聴に替えて、テレビ中継やインターネット中継が行われたところもある。議員の感染も報じられていたこともあって、議場でのマスクの着用と着用のままでの発言が奨励された。議場の制約もあるが、議員間の距離も可能な限り空間を広くあける努力がされている。なお会議の種類によっては、対面しない会議方式の検討もされている。

第３には感染症対策に関する議会本来の対応として、執行機関の感染症対策本部設置に対して、議会の感染症対策会議を設け、感染症に関する議会側の対応策を打ち出している。また感染症対策に関して国への意見書を提出したところもある。こうした対応は議会の中でももちろん少数にとどまるが、議会機能を維持し、本来の住民代表としての機能を果たそうとするものということができる。

3－2－4　感染症流行下の議会のあり方

議会には住民や理事者側、そして議員や事務局職員を含めてその感染防止策を確保しつつ、また地方自治体としての感染症対策をスムーズに進めることに配慮しつつ、しかしながら住民の安心と安全を守るという目的を持った住民代表機関としての議会の役割を果たし続けることが求められている。

議会の取り組みが、質問の自粛や会議の時間の短縮による執行機関への配慮であったり、議場の不備を理由とした傍聴の取りやめであったりするようでは、議会本来の機能を果たすための議会の災害対策になっていないし、議会としての感染症対策になっていない。

この機会に、議会の災害対策や危機管理の在り方について検討し、議会は想定外を含めたリスクに耐える議会になっているのか、そのための対策ができているのかどうか、普段の心構えと訓練ができていたのか、そして住民のための議会であり続けることができているのか、これらを検証しながらなお議会の本来の審議機能を果たし続けることが求められている。

本来の議会が果たす機能は、感染症流行のような非常災害時には、執行権能を持たない議会においては、防疫政策の基本的な意思決定と執行機関による防疫対策の実施の監視と評価、そしてその過程における所要の統制にある。それを担う議会にはそのための災害対策・危機管理が必須となる。

参考文献

大塚康男（2015）『議会人が知っておきたい 危機管理術 改訂版』ぎょうせい
斎藤徳美（2005）『地域防災・減災 自治体の役割―岩手山噴火危機を事例に―』イマジン出版

3－3　感染症対策に関する地方財政と議会の役割

3－3－1　感染症対策に関する地方財政と議会の役割

地方自治体の議会は、地方自治の議決機関として、重要な諸決定の権限を行使しなければならない。その中でも地方自治体全体の運営に密接にかかわる予算と決算の議決が財政民主主義の観点から重要であることはいうまでもない。条例の制定改廃と並んで予算決算の議決は、議会でも最も重視される権限といえる。予算はいうまでもなく、1年間の地方自治体の活動における金銭面のすべての動きを総括し、当該年度に入る前に議決をして収支の内容を特定し、計画的で、効率的効果的かつ公正・透明な地方自治体の運営を金銭出納面で確保する役割を持っている。そしてその予算の執行状況を監視して、最終的にその適正を確保するのが予算執行後に議決される決算である。

地方財政はもちろん地方自治体の独自の財政運営であり、財政の自治が保障されているが、同時に財源資金や政策面では国との密接な関係や他の地方自治体との関係を考えざるを得ない。いうまでもなく、地方税収入は地方自治体の全収入の4割にとどまっており、地方交付税や国庫補助負担金など国からの資金に依存する財源、そして地方債など返済しなければならない特定目的の資金によって賄われているし、歳出についても、法律や補助金で義務付けられた支出をせざるを得ない場合も多々見られるのである。自治事務と言えども法定されていればその実施の責務を地方自治体は背負うことになる。

こうした地方財政の特性を理解したうえで、地方議会は、予算と決算の審議議決の手続きを進めるという、重要な役割を果たす。実際のところ新型コロナウイルス感染症の拡大に伴う地方自治体の責務は、感染症対策の中核を担う保健所と地方衛生研究所を設置する都道府県や保健所設置市つまり政令指定都市や中核市などで、直接的に対策が第一線でとられることになる。その他の市町村は、感染症拡大防止のために、保健衛生対策を進め、地域住民の感染拡大阻止に努めるということはあるが、とりわけ今次のように長期にわたり生活経済にも大きな影響を与える事態にあると、住民生活に間接的に影響を及ぼし、経済や教育、福祉や保健一般の活動が滞ることになりかねない。そうした影響を可能な限り小さくするのもまた地方自治体の責務であり、そうした政策的な観点からの予算審議は、議会にとっても重大な関心事である。

3－3－2　新型コロナウイルス感染症対策と地方自治体

新型コロナウイルスによる感染症の大流行が進んでおり、多くの死者や重篤な患者が増え続けている。

世界的にも感染症が大流行している状態を指すパンデミックが、世界保健機構（WHO）でも言われており、今後は数千万人の感染者、数百万人の死者を推計する研究機関もある。日本でも本年1月に感染が発見されて以来、急速にまん延が広がっている。単なる局地的風土病的なエンデミック（地域的大流行）にとどまらず、日本全国に広がっていくエピデミック（全国的大流行）が現実になっている。

その感染症対策は、感染を水際で防止することや感染源を追跡すること、感染源となる小グループ（クラスター）を発見して感染の広がりを抑止する、感染の検査を広く行い、隔離または地域的に封鎖するといった対策から始まった。だが、それに成功した国は少なく、今や少しでも感染症の広がりを遅くするための社会的距離戦略をとり、感染拡散行動の規制をして、医療体制の負担を減らすとともに、その間に治療法の確立やワクチン開発を進めて行く戦略に切り替わってきている。

感染力の強い新型コロナウイルスということもあって、追跡型の感染源対策のみならず幅広い感染の検査や、感染防止行動や社会的距離戦略による感染リスクの低減が強調されるようになっている。個人の咳エチケットや手洗いそしてマスクの使用が奨励され、3密といわれる「密閉空間」「密集場所」「密接場面」を避けることが求められている。そして2020年4月7日には東京都など大都市圏を中心に7都府県に対して感染症対策特別措置法の緊急事態宣言の地域指定があった。これにより、人が集まる場所や機会の削減自粛であったものが、法律に基づく閉鎖の要請や指示になった。そして4月16日には緊急事態宣言の指定地域は全国47都道府県に広げられた。なお、国では、その中の13都道府県については、感染症まん延が大きく進んでいることから「特定警戒都道府県」という枠組みを設定して重点的に対策をとることとした。

こうした一連の対策は、直接的には、感染症対策に当たる厚生労働省その他の国の機関、保健所を設置する都道府県や大都市、そして住民の健康一般に責任を持つ市町村に重い責務を課すことになった。また、検査や治療に当たる医療機関や試験研究機関は、大流行によって従来にはない負荷にさらされることになった。

個人や事業者の行動の自粛や社会生活における社会的距離戦略は、市民生活にも甚大な影響を与え、経済活動を麻痺させている。福祉施設や教育施設における機能の制限や停止はもとより、生活物資の生産や供給の麻痺、そして経済活動それ自体の停止が問題になり始めているのである。感染症流行の期間という一時的とされる機能停止であっても、数ヶ月から数年に亘るとなれば、社会生活の基盤が失われた上に、日常的な市場の機能によって成立する経済社会が破壊され始めるのである。

健康や医療のみならず社会や経済におけるこれらの破滅的な影響が想定されるこのような危機的な事態にあって、国民生活それ自体が深刻な被害にさらされており、まさに大災害となっている。それは、個々の国民の健康被害だけではなく、感染防止のために取られている社会や経済活動の自粛や抑制が国民生活を直撃しているのである。国と地方自治体の双方にとって、国民あるいは住民の安心安全を守るという観点からは、生活問題と経済問題の全方位にかかわる被害が大きく想定される現状において、極めて重い責務が課されることになっている。

３－３－３　地方自治体の感染症対策とその財政

感染症対策は、国の事務でもあるが、同時に地方自治体の事務でもある。日常的には公衆衛生やそれにかかわる衛生行政は地方自治体の事務として実施されており、都道府県や大都市のように保健所があるところでは保健所行政として実施されているし、それぞれの地方衛生研究所では検査や研修・研究などを担っている。また都道府県や市町村では公立病院等の医療機関を設置しており、それらもまた公衆衛生の一翼を担っている。

実際には、保健所や公立病院だけではなく、国の関係機関や大学、民間医療機関等の協力を得ながら、保健衛生担当組織を中心に保健師等を配置して事務が進められている。健康診査や各種の検針、乳幼児や児童生徒また高齢者の予防接種、健康相談や指導その啓発活動、医療サービスの提供、栄養指導や健康づくり、また関連する医療費の補助、公衆衛生の調査や国への報告などその事業は多岐にわたって行われている。これらは日常的な業務であり、衛生費として予算化されている。

例年であれば、一般の市町村における衛生費の財源のほとんどは地方税や地方交付税などの一般財源であり、国都道府県支出金あるいは特定財源は少ない。通常は、国庫負担（補助）金は、乳幼児や高齢者への予防接種や健康診査などの業務の一部にその補助対象が充てられている。近年では、周産期への対応として産前産後の相談や医療などきめ細かく進められるようになっている特徴もある。

都道府県はもちろん、保健所や地方衛生研究所を設置している大都市は、衛生費の規模も大きくなっている。母子対策、措置医療費、予防接種や感染症予防関係費、健康増進、保健所運営整備、災害対策医療整備、国民健康保険及び後期高齢者医療保険関係負担金等の経費などその守備範囲は広い。負担金や補助金等の国庫支出金もあるが、その割合は限定的であり、ほとんどが一般財源によっている。もちろん、難病対策や母子保健、措置入院・通院、予防接種関連事業などでは、国庫支出金（負担金、補助金）が２分の１の負担割合のものもある。また、災害対策医療や水道施設耐震化など国庫補助が手厚いものもある。なお金額的には、都道府県においては国民健康保険や後期高齢者医療保険関連の経費が多くを占めることも特徴である。

新型コロナウイルス感染症の大流行によって、今回は、前述のように国も地方自治体も懸命に取り組んでいるし、国民や住民も、また事業者もこぞって対策を進めようとしている。その中で新型コロナウイルス感染症対策として、国では新たな方針を立て緊急の財政措置があり、当初予算の着実な実行に加えて補正予算を編成している。地方自治体の財政運営も感染症の流行と国の財政措置に対応して、組み替えられようとしている。

３－３－４　地方自治体の財政負担

地方自治体の事務の負担も特別な状態にある。その対策の基本となるのは、新型インフルエンザ等対策特別措置法でありその関連施策である。国では、同法を改正して新型コロナウイルス感染症を法律の明確な対象にして、国の対策方針を数次にわたって発出している。その中で2020年４月７日に政府は緊急事態宣言を行い、東京都など7都府県を指定した。同法に基づく指定によって大都市圏を中心に都道府県知事は感染防止に向け、施設の閉鎖の要請や指示、医療用の土地や資材の収容の権限を行使できるようになったこと、そしてその対象地域は全国に広げられようとしていることは前述した通りである。

ともあれパンデミック（感染症の世界規模の大流行）と呼ばれるような新型コロナウイルスの蔓延であるが、日本でも連日、その感染の拡大が報告されその治療に当たる医療現場も深刻さを増しているし、それと同時に福祉や教育、そして経済活動など国民生活に直結した影響が大きくなってきている。

この感染症対策は、国と地方自治体の双方の事務である。また感染症の爆発的蔓延は災害と考えられており、災害対策基本法に基づく地域防災計画においても医療用資材の備蓄や防疫班の編成が定められている。特に新型インフルエンザ等感染症に関する対策特別措置法（以下、感染症対策特別措置法と略称）は、新型コロナウイルス感染症を対象として加えたことからも、感染症対策の基本的な枠組として機能している。それによれば、地方自治体は、感染症対策のための行動計画を政府の方針に即して策定すること、これに基づいて医療機関をはじめとする関係機関との連携や調整を行うこと、また感染症対策に関する施策を実施することになる。

感染症対策特別措置法によれば地方自治体は、感染症予防に関する計画（予防計画）の策定、感染に関する検体の検査の実施、地域での感染情報の収集と厚生労働大臣への報告、感染症に関する情報の収集や公開、感染の疑いがある者への健康診断の勧告、感染者への入院の勧告、そして感染者の診察・薬剤投与等の治療の費用負担などを分掌する。保健所や地方衛生研究所を設置している地方自治体ではその運営を行う。また、都道府県知事は、第一種、第二種感染症指定医療機関の指定を行う。

新型コロナウイルス感染症対策においては、これら保健衛生面からの対策に加えて、福祉や教育、そして経済生活に関する対策も、感染の終息までの期間が長引くにつれて、大きな課題となっている。集団感染を防止しつつ福祉施設や福祉サービスの運営継続、休校措置に伴う学校教育への影響の緩和、家庭の教育負担の増加対策、営業自粛を求められた事業者への休業補償等、経済活動の停滞による影響の拡大と当該事業者支援などが課題となってきている。

３－３－５　新型コロナウイルス感染症に関する2019年度の地方財政対策

感染症対策にかかる地方の経費については基本的に地方自治体の自己負担が大きいが、感染症対策特別措置法によって、国の負担とするものが定められている。感染症対策において特に負担が重い非常事態宣言を受けた地域については、特定都道府県及び特定市町村としてその財政負担について特段の国庫負担の措置が設けられている。感染症対策特別措置法69条の規定によって、特定都道府県や特定市町村による費用の負担、損失補償や損害補償等に関して、基準を定めて一定額を国が負担をすることとしている。特定都道府県が検疫のためにやむを得ず特定病院等をその同意なく使用する場合や臨時の医療施設開設のため土地等を使用する場合等による損失補償、要請や指示によって医療等を行う医療関係者に対する実費の弁償、要請や指示による医療の提供を行う医療関係者の死亡・負傷の場合などの損害補償、市町村等の予防接種の経費などがその対象となる。また70条は以上の他の感染症対策のための地方公共団体の経費について所要の財政措置をとることとしている。

新型コロナウイルス感染症対策では、現状において、都道府県や市区町村は感染症対策の第一線で尽力しているが、その経費についても国が一定の手当てをしようとしている。国は、新型コロナウイルス感染症について、2020年２月13日に、第１弾として、「新型コロナウイルス感染症に関する緊急対応策」を決定し、帰国者等への支援、水際対策、国内感染対策などを中心に、予備費103億円を含む総額153億円の対応策を実行している。また、同25日には「新型コロナウイルス感染症対策の基本方針」を決定し、今後の状況の進展を見据えて講じていくべき対策等をとりまとめた。この方針の下、緊急対応策第１弾に加え、３月10日には第２弾として2019年度予算の着実な執行と予備費2,715億円（一般会計2,295億円、特別会計420億円）の活用による緊急対応策第２弾4,308億円の財政措置を講じた。あわせて、資金繰り対策等に万全を期すため、日本政策金融公庫等に総額1.6兆円規模の金融措置を講ずる補正予算を決定した。

3－3－6　新型コロナウイルス感染症に関する2020年度の地方財政対策

2020年度には当初予算に加えて、さっそく４月７日の非常事態宣言と「新型コロナウイルス感染症緊急経済対策」を取りまとめるのに合わせて、2020

年度補正予算案を閣議決定した。一般会計予算としては、16兆8057億円の歳出増とし、全額を国債の増発で賄うこととした。その歳出の主要なものとしては、（１）感染拡大防止策と医療提供体制の整備及び治療薬の開発1兆8097億円、（２）雇用の維持と事業の継続10兆6308億円、（３）終息後の官民を挙げた経済活動の回復1兆8482億円、（４）強靭な経済構造の構築9172億円、（５）新型コロナウイルス感染症対策予備費1兆5000億円となっている。

厚生労働省関係の補正予算が大きな割合を占めているのであるが、地方自治体に関連が深いものとして、「新型コロナウイルス感染症緊急包括支援交付金（仮称）」1490億円がある。この交付金は、感染症拡大防止策と医療提供体制の整備に関するものであるが、都道府県の新型コロナ対策に比較的自由に使途を決定して使うことができる交付金として配付される。具体的メニューにはPCR検査機器の整備、病床・軽症者等受入れ施設の確保、人工呼吸器等の医療設備整備、応援医師の派遣への支援など幅広い事項が対象となるとされる。

また、新型コロナウイルス感染拡大に伴う緊急経済対策で、使途を限定しない形で地方自治体に配付する「新型コロナウイルス感染症対応地方創生臨時交付金」1兆円が計上された。これは、地方自治体の感染状況や人口を基準に配分額を算定することとして、患者数が多く状況が深刻なところに手厚く支援する仕組みとなっている。感染拡大防止や医療体制整備を始めとして、感染症対策で疲弊する地域経済の活性化など幅広い用途に使えるようにするという。特に感染症対策の影響を受けている地域経済や住民生活を支援し地方創生を図るために、地方自治体の自由度の高い交付金として制度設計が考えられているともいう。なお、この交付金については、営業の停止などにかかわる休業補償に充てることができるかどうかで、国と地方の間で、使途をめぐる意見の相違があり、国は休業補償の直接給付の資金にはなじまないとし、地方は休業補償として配分する原資とすることを見越して事業を進めようとしている。全国知事会では休業による営業補償に関して国には改めて対応をするよう要望している。

さらに2020年6月12日には第2次補正予算が成立し、31兆9114億円が主に感染症流行下で疲弊した経済対策に振り向けられた。雇用支援としては雇用調整助成金上限を引き上げるなど4519億円、企業の資金繰り支援では無利子融資の拡大など11兆6390億円、事業者への家賃の一部補助を6か月まで支援する家賃支援に2兆242億円、医療体制強化として重点医療機関の収入確保や医療介護従事者への20万円の慰労金などで2兆9892億円、地方自治体における対策支援のために地方創生臨時交付金2兆円、フリーランスや新規企業者も含めた持続化給付金1兆9400億円、そしてひとり親世帯支援として10万円を限度に1365億円のほか、予備費として前例のない10兆円という巨額の財源が機動的に運用されるべく準備されている。

3－3－7　地方自治体の新型コロナウイルス感染症対策予算

ともあれ、これら国の予算措置等を受けて、地方自治体側の対応も進んでいる。まずは災害時には地方交付税の特別交付税が配布され、災害対策に充てられることになる。それが特別交付税本来の使い方であるが、今回はまさにそうしたケースであった。国の第1次の基本方針とそれに伴う財政措置として、2019年度に特別交付税措置があった。また国の補正予算措置もあったことから、2019年度末に地方自治体においても補正予算を組んで、感染症対策を行うことになったのである。さらに新年度に入ると、当初予算に加えて、さっそく補正予算を組み感染症対策に取り組んでいる。

市町村段階での補正予算としては、2019年度末のものとしては、やはり臨時休校としたため放課後児童クラブ関係の支援が大きくなっている。また、衛生費の検査手数料積み増し、児童福祉施設へのマスクや消毒薬の配付などもあった。社会経済的には、公共施設の閉鎖にかかる経費に加えて、中小事業者向けの金融支援も進められている。原資としては、子ども・子育て支援交付金などの国庫支出金や基金等の取り崩しなどによる場合が多い。2020年度に入ると、感染症治療が本格化することもあって、4月補正予算によって感染症医療費扶助が大幅に増額補正されるとともに、感染症の発生動向調査経費なども補正されているが、これらの多くは国庫支出金の対象になっている。そのほか中小事業者向けの金融保証の規模も大きく積み増しされている。さらに国の6月補正を受けて、地方自治体でも補正予算により、とりわけ事業者向けの補助金給付金など経済対策や、医療体制整備など医療対策を中心として補正予算が編成されている。

感染症対策の中心となっている都道府県では、2019年度の補正予算と2020年度の補正予算において、新型コロナウイルス対策を総合的に進めようとしている。感染症医療対策の強化としては、検査体制整備、病床の確保と整備、感染症宿泊施設確保、患者の移送体制、医療機器の整備、装具や薬剤の備蓄確保などがあがっている。また社会経済面では、事業の自粛要請を始めとして、テレワークの推進支援、中小企業対策、終息後に向けての企業活動準備、住民向けの適確な情報提供の充実などがあがっている。感染症対策の直接経費等は国庫支出金が2分の1を占めることが予定されている。なお、休講中の学校や学生生徒支援、高齢者や子育て支援も補正されているが、中小企業支援とともに、一般財源が充てられるところが多い。また国の６月補正予算に対応して、2兆円の地方創生臨時交付金があり、その多くが都道府県における補正予算編成を通じての経済対策や医療対策に振り向けられることになる。

3－3－8　今後の地方財政運営と議会の役割

2020年5月25日には緊急事態宣言の終結となったが、それ以後も感染症の終息が展望できる状態にはなく、感染症の再拡大が続くことになる。その段階で、改めて感染症対策のための新たな措置が話題になっている。5月には改めて国の総合的な対策があり、そして国と地方自治体の補正予算が編成された。緊急事態を理由に、６月補正を待つことなく、矢継ぎ早に地方自治体でも事業が進められてきたところもある。

もちろん今後の状況を踏まえつつ、それぞれの地域を挙げて遅滞なく感染症対策を進めて行かなければならないことは確かである。地方議会と議員も、地域住民の安心安全を守る使命を負っており、そのために執行機関の適切な活動を確保する役割を果たすべきことから、感染症防止対策や関連する社会経済対策の適正に関する監視と統制を強めなければならない。その際に補正予算の編成や、予算の執行が適切に行われているのかを監視し必要な措置をとることは地方議会と議員にとっていま最も重大な責務の一つである。改めて予算編成とその執行に際して、「選択と集中」、「有効性と効率性」、「透明性と説明責任」を果たせる施策や事業になっているのかを問う視座が必要とされている。

実際にはこれまでもそうであったように、非常災害事態であることから専決処分が多用され、執行機関の負荷を減らそうという趣旨で議会審議を休会し中断あるいは先延ばしすることは、今後もあるかもしれない。今回の感染症に関する補正予算も地方自治体によっては、専決処分としたところもあるが、その一方では議会の審議に付したところもある。それぞれの選択ではあるが、しかしながら、感染症まん延防止のためには、諸所で指摘されているように、対策の客観的科学的根拠と、住民や事業者の対策への協力が不可欠であり、そのためには十分な説明責任が果たされ的確な政策決定が下されなければならない。その一翼を担うのが議会であるし、議会の審議が対策の妥当性を最終的に確保するのである。本来の議会の役割が的確に果たされ、住民の合意と住民・事業者等の協力的な行動を導くことが重要になっている。

参考資料

全国知事会（地方税財政常任委員会）『地方税財源の確保・充実等に関する提言』2020年6月4日

（新川達郎）

第４章

ＢＣＰと議会

４－１　自治体議会の業務継続計画

４－１－１　地方自治体の業務継続計画

東日本大震災を契機として、地方自治体にも民間企業と同様の事業継続計画とか業務継続計画（Business Continuity Plan = ＢＣＰ）といわれるものの策定が広がってきている。震災前には、あまり関心がなかったのであるが、その後は、急速に関心が高まっており、実際に策定も進み始めている。もちろん防災計画がほぼ全自治体で策定されているのと比べれば、はるかに少ないのが業務継続計画の現状である。とはいえ、法的な義務付けによる強制力もない中で、むしろ、地方自治体の危機意識の表れとして策定されているところには、改めて注目しておく必要がある。

業務継続計画の必要性については、既に、東日本大震災以前の2010年４月に内閣府政策統括官（防災担当）と総務省消防庁次長からの通知が地方自治体に出されている。そこでは大規模地震発生時における業務の適切な継続のための体制づくりについて「地震発災時における地方公共団体の業務継続の手引きとその解説」を策定したこと、これを参考に各団体にもその体制をとることを依頼している。

地方自治体の業務継続計画は、災害対策基本法に基づく防災計画とは異なり、各自治体が定める独自の計画であり、したがってその制定や内容に関する自由度は高い。とはいえ策定している多くの地方自治体では、防災計画の実施計画としての位置づけや、発災後の短期あるいは中期的な計画として上記通知にほぼ沿っている。例えば、横浜市では、防災計画は「震災対策に関する総合的かつ基本的な性格を有する計画」であり、業務継続計画は「防災計画の細部計画及び通常業務の復旧のための実行計画」とされる。したがって計画の対象も、防災計画が市民や事業者、関係機関を含む地域全体的なものであるのに対して、業務継続計画は地方自治体の組織を対象としたものとなる。当然ながら、防災計画が予防から救援、応急対策、復旧、復興までを視野に入れた総合的なものであるのに対して、業務継続計画は、発災後の比較的短期の期間において、地方自治体の機関それ自体の被災を前提に、非常時の優先業務を選択し、応急対策業務や早期に実施すべき復旧業務、また優先度の高い通常業務の実施とその体制を規定するものとなっている。

4－1－2　議会の業務継続計画

興味深いことに、議会でも業務継続計画については、諸方面で議論が進みつつある。東日本大震災後の2011-2012年度には、地方自治体の各議会でも業務継続計画について、一般質問がされる機会が増えているし、執行機関側もそれに積極的に対応する旨、応答しているところが増えている。その中で、議会がどのように位置づけられているのかを見てみよう。

一般的に、地方自治体の業務継続計画においては、住民に必要な業務を継続することを目的に、全庁的に対応すること、その中に議会事務局も含まれていることがわかる。これらの計画では、施設や職員への被害を、いくつかのシナリオによりながら一定割合で想定し、その中で業務を分類して、緊急度の高いものや、継続の必要度の高いものを優先することとし、その一方では、業務の中断または中止を予定するものもある。

その中で議会事務局の業務については、被災時の救援や応急業務として、議員の安否確認、罹災状況の把握、正副議長や会派代表等への連絡、全員協議会等の緊急時の会議の開催となっている場合がある。また、被災時にも直ちに復旧して継続すべき業務としては、本会議や委員会の開催準備や調整の事務などとされている。継続業務の選定については、各団体で区々であるが、議会事務局事務については、原則的に継続する事務として計画されている。

４－１－３　参議院の業務継続計画

ところで、議会の業務継続計画として最も整っているものの一つは、もちろん国会のそれである。ここでは、参議院の業務継続計画を事例にして、検討してみよう。参議院では、「首都直下地震対応参議院事務局等業務継続計画」が2012年8月に災害対策委員会によって策定されている。これは、中央防災会議の議論や中央省庁の防災・業務継続計画等を参考にしたものとされ、既に2003年に参議院で定めた「参議院災害対策実施規程」とともに、災害時における行動計画となっている。「災害対策実施規程」が災害直後の応急災害対策であるのに対して、「業務継続計画」は被災直後の優先事務を特定し、短期・中期の業務体制の計画を立てているところに特徴がある。

業務継続計画の基本方針では、①議員、秘書、職員等の安全確保、②政府との連絡手段確保と必要な会議や委員会の開会環境の整備、③参議院の業務継続のための所要人員体制整備と業務資源の適正配分を行うことにしている。

想定されているのは直下型大地震であるが、日時など発生の条件を日曜日の夕方と平日の昼間という二つのケースで考えて、業務継続計画を検討している。首都圏における多数の人的被害、施設被害を想定し、特にライフラインについては、そのほとんどが当面機能しないことが想定されている。したがって参議院の建物機能、給排水、電力、情報通信機能で外部資源に依存するものについては、少なくとも1週間程度は機能しないことを前提とし、その一方では自家発電と構内通信システムは機能維持可能であるとしている。

4－1－4　参議院における業務継続の課題

被災直後における業務継続体制の確立のための第一の優先課題として、議員、職員等の安否確認体制の構築が課題とされ、そのための安否情報の把握と報告体制の構築を進めるとしている。具体的には、通常の通信機器が使いにくくなるため、携帯メール、災害用伝言ダイヤル、災害用ブロードバンド伝言板などの手段を用意する。政府との複数の通信回路の維持による連絡体制の確保については、災害発生直後においても、連絡手段確保が必要不可欠だとして、防災有線電話や防災無線、防災ファックスによる円滑な連絡を目指す。非常時参集要員の指定については、発災直後２時間以内で参集する職員などを目安に指定する。また、指揮命令系統の明確化（代理者の指定等）をすることにしている。

非常時の体制としては、前出の「災害対策実施規程」に基づき参議院災害対策本部を設置し、緊急時の決定と総合調整を行う。非常事の業務について、救助・救護や消火などは被災時直後に、また、連絡の確保や情報収集と災害対策本部会議の開催は３時間以内に、次に、建物被害の応急対策と理事会の開催などは3日以内に、そして本会議・委員会開催は1週間以内にできるようにするとしている。そこでは参議院事務局を中心に業務継続をしていく計画が策定されている。

参議院では、発災直後の非常時応急対策業務としては、避難誘導や救助救護、消火などの初動時の災害応急対策と、災害対策本部の設置とされている。そして3時間以内には、参集要員が非常時の優先業務に着手することとし、具体的には、衆議院や行政機関との連絡、災害情報の収集、議員や秘書、職員の安否確認開始、建物被災状況調査と応急対策、そして最初の災害対策会議開催などとされている。そして３日以内には、建物施設の応急対策が終わり、継続すべき重要業務として理事会開催などを行えるようにする。そして1週間以内には、本会議や委員会を持てるようにするというのである。

また、非常時の参集要員については、勤務時間外の災害では、安否情報を報告して参集し、勤務時間内では、まず安全確保と被害拡大防止に努めることとしている。参集対象以外の職員は、勤務時間内の災害には、家族の安否を確認し、帰宅等の安全が確認されるまでは院内で待機する。勤務時間外には、安否確認報告をし、自宅で待機するとともに、地域の救援活動に積極的に取り組むこととしている。いずれも詳細な災害時の行動マニュアルが用意されている。

4－1－5　業務継続のための環境整備

建物については、耐震化が進められていることを前提に、帰宅困難者対策、電力供給、給排水設備、空調、エレベーター重機等の転倒防止策、電話設備、情報システムの対策などが必要だとしている。また、非常時備蓄については、食糧と飲料水の備蓄として、3000人、3日分の準備、非常用簡易・組み立てトイレ（15日分）の用意、防災用毛布の備蓄も行っているが、これらについては、適宜見直しを行うという。

なお、参議院では、これも当然ではあるが、事前の教育や訓練が重要とされており、業務継続計画やマニュアルの周知徹底、避難や参集の訓練など、様々な教育・訓練・定期点検等の実施を予定している。

参議院の業務継続計画がそのまま地方自治体の議会にとってのモデルになるわけではない。国会は、国権の最高機関であり、議員内閣制をとることもあって、国会の機能は、国民生活に直結する重大な影響要因であることから、その機能維持は最大の課題とされ、それに応じた計画が立てられているというべきである。とはいえ、地方自治体の議会がそうした対策をとらなくてよいという理由もまたない。既に先行しているところでは議会を含めた業務継続計画が策定されて、地方自治体の機能維持を目指しているのである。議会を含めてそれぞれの地域の実情に合った業務継続計画の策定が求められていることは強く認識すべきであろう。

4－1－6 「議会事務局のＢＣＰ」から「議会（議員）のＢＣＰ」へ

さて、問題は、これらの業務継続計画が地方自治体議会の業務継続に有効な体制となっているかどうかである。筆者は、災害時に議会の機能を維持することの必要性を繰り返し指摘してきたところであるが、実際には、執行機関中心の業務継続計画がこれまでは策定整備されている。そのなかで、議会事務局については、非常時の応急対応を議会事務局の組織とその業務を中心にして実施していくことになっている。それが果たして、本当に必要とされる議会の業務継続計画なのかどうかという疑問がある。

もちろん、行政の業務継続計画の必要性を否定するつもりなど全くないのであって、その整備それ自体は喫緊の課題だと考えている。ここで問題だと考えているのは、業務継続計画が、果たして議会や議員、その会議や委員会の業務継続を中心に考えられているのかどうかである。行政組織とは異なって、議会は合議制の機関であって、その議決をすることに基本的な機能があるとすればその機能を維持することが業務継続計画の目的となるはずである。しかし現実には議会事務局の事務機能の維持が応急対応として注目されることになる。その対応の中に議員の参集や会議の開催が含まれているのだという言い方もできるかもしれないが、議論の順序としては、逆転しているといわざるを得ないのである。こうした観点からは、やはり２元代表制の一翼を担う議会としては、それに独自の業務継続計画を策定するという課題に応えていかなければならない。そうした観点から、安全の内に議員の参集を可能とし、定足数に足る有効な議決ができる会議を開くことが災害時にも可能となるように、様々な被災の時期や程度を想定しつつ、実際の議員の安否確認、そして議会への参集方法、会議の開催方法、災害情報の収集と議会課題の集約、そして実質的な審議の早期再開ができる業務継続計画とその実施体制作りを進める必要がある。

地方自治体の業務継続計画については、従来のものについていえば、多々問題点がある。例えば、震災中心の計画であり、その他の災害についても検討すべきところが多いといえそうであるし、すでに策定されている議会に関するものについても議会事務局の事務を羅列しているところが多く、必ずしも適切に優先順位付けがされているとは思えないところもある。しかし何よりも、前述のように業務継続計画の業務が事務局事務に偏りがちであり、議会や議員それ自体の機能維持ができるかどうかにもっと焦点を合わせる必要があるという観点に留意をすべきであるし、そうした視座を含めて改めて従来の計画の見直しやこれからの策定を進めて行く必要がある。

参考文献

阿部裕樹（2020)『中小企業と小規模事業者のＢＣＰ導入マニュアル』中央経済社
池田悦博（2015)『本当に使えるＢＣＰはシンプルだった。』税務経理協会
参議院災害対策委員会（2019)『首都直下地震対応参議院事務局等業務継続計画』2012 年8 月（2019 年8 月 改 定 ）https://www.sangiin.go.jp/japanese/annai/oshirase/pdf/sangiin-bcp20190902.pdf　2020 年8 月1 日閲覧
MS&AD インターリスク総研株式会社（著)(2020)『中小企業の防災マニュアルとＢＣＰ』労働調査会

4－2　大津市議会における全国初の「議会ＢＣＰ」策定について

4－2－1　議会の政策力発揮のために

大津市議会では、2018年3月に市議会としては全国に先駆けて議会業務継続計画（Business Continuity Plan = ＢＣＰ）を策定した。都道府県や市町村の議会では前例のない議会業務継続計画が策定されるには、長年の大津市議会における議会改革や政策機能発揮への努力の積み重ねがあり、蓄積された政策力を発揮しようとする議会人の強い意欲がある。

もちろん、議会による政策機能の発揮は、地域社会における住民代表としての議会の役割を果たす上で根幹に関わるものであり、住民の負託に応えるためにも、議会としての政策立案、審議、決定、評価に至るプロセス全体について問われている。とはいえ、政策機能発揮のためには、議会が議会として適切に機能し続けていることが前提条件となる。いかなる事態にあっても、議会がその本来機能を果たし続けることができるかが問題となる。

民間企業を皮切りに、国や地方自治体で業務継続計画（ＢＣＰ）の策定が進められてきたのは、自然災害の多発、様々な事故や人為的な災害、テロなどの破壊行為等々、多様なリスクに適切に対応していくためである。そこでは、維持し続けなければならないその事業や機能を守るとともに、仮に被災したとしても可能な限り迅速に修復できる高い回復力が求められる。

とりわけ公共部門の各機関には、そうした要請が強いはずである。確かに、国会や国・地方の行政機関では、ＢＣＰの策定はすでに大きく進んできている。しかしながら、地方自治体の議会では、大津市の試みが始まるまで議論すらなかったといってよい。現実には、東日本大震災で多くの地方自治体とその議会が被災しているにもかかわらず後手に回ってきた。その背景には様々な理由が考えられるが、基本的にはリスク管理や防災計画が行政機関の業務であること、緊急時には行政機関の長の下に対策本部が設置されることから、議会の問題としてこのことを検討する風潮にはなかったともいえる。

しかしながら、民主主義の政治制度の基本となる機関は議会であり、それが機能しなければ公共部門は一時的であってもマヒする可能性がある。機能不全を回避すること、少なくとも、できるだけ早く機能回復をしていくことは、様々なリスクに直面せざるを得ない時代にあって、政府や議会にとっては、最優先の課題といえよう。

大津市議会はこの課題に応えるべく、これまでに培われてきた政策力を発揮させることになった。前例のない政策形成を進めるためには、これまでの政策機能を十二分に発揮していくとともに、外部の政策資源を活用していくことが必須となる。大津市議会の場合は、政策機能の基盤という点では政策検討会議に結集される知恵と技術があり、それを支える外部機関のネットワーク、とりわけ専門的知見を活用するという観点からの大学との連携協力がある。以下、これら諸資源がいかに動員され、新たな制度構築が進んでいったのかを紹介することにしよう。

４－２－２　議会の危機管理体制整備は喫緊の課題

東日本大震災では、東北地方太平洋岸を中心に、議会と議員、その職員が被災し、地方自治の機能が一時的にマヒをするという事態が発生した。中には議場を失うところもあった。そして、救援や復旧の時期においては、専ら執行機関の活動に全てを委ねることになり、議会の権能との関係でいえば、専決処分が繰り返されることになった。そうした状況を問題視し、災害等への議会としての対策をルール化し具体的な行動方針を立て、日常の訓練を通じて対策を身に付けておくことが、議会や議員・職員を守り、議会機能を維持して、適切な地方自治の運営に資することになるという認識が広がった。そして議会として、自然災害などが避けられないとすれば、被災を想定しつつ危機管理を行い、減災を徹底するとともに、迅速な復旧に尽力することは、当然の義務となってきている。

ところが、現実には、緊急事態への議会の即応体制は欠落したままのところがほとんどであり、議会の危機管理体制整備は喫緊の課題である。指揮命令系統の維持、情報の受信・発信と共有、被災時経営判断などをめぐる議会機能の維持方法の検討、例えば大災害時にあっても、会議の開催、招集、連絡体制、議長等の役割と委任、議会事務局の機能維持など、つまりは緊急時の業務体制を的確に構築しておくことである。一般に大企業等ではこれを事業継続計画（BCP）と呼び、組織の機能や存続を図る上では必須のものとして策定している。以上のような問題意識の下で、大津市議会が策定したＢＣＰの概要は、以下のとおりである。

4－2－3　大津市議会ＢＣＰの概要

基本的な考え方としては、「1. 業務継続計画の必要性と目的」において議会機能の維持を掲げ、「2. 災害時の議会、議員の行動方針」としては、意思決定機関、議事機関たる議会の役割と、住民代表であり議会の構成員たる議員の役割を示している。また、「3. 災害時の市との関係」については、協力とチェックを柱とし、「4. 想定する災害」については、市が策定する地域防災計画等に基づく災害（地震、風水害、原子力発電所事故、大規模事故、伝染病など）及び国民保護計画に基づく対策本部が設置される場合におおむね対応することとしている。

こうした前提に立って、具体的には、「5. 業務継続の体制及び活動の基準」として、「(1)業務継続（安否確認）体制の構築」のために、議会事務局の体制については、事務局職員の行動基準、議員への安否確認方法と確認事項を定める。事務局職員は、自身の安全確保と家族の安全確認、住居や施設の被害状況を確認し、必要な救援活動を行う。その後、非常時優先業務として、勤務時間外であれば第１次参集者に指定されたものが議会事務局に集まり、被災者の救援、議員や職員の安否確認、市の災害対策本部との連絡、施設の被災状況等の確認などを行う。

議会の体制については、議長を委員長とする「議会災害対策会議」を設置し、各会派代表者が委員となる。市の災害対策本部が設けられる間は設置され、その議会側のカウンターパートとなる。議員の基本的行動の指針については、発生時期の状況の違いに応じた議員の行動基準を定め、まず自身と家族の安全確保、地域での救援活動、事務局への安否の伝達、議会災害対策会議の委員の参集、会議の決定に基づく各議員の参集などの行動基準と指揮・命令系統を明示している。

次に、災害の時期に応じた活動内容の整理を行い、いわゆる発災時、直後の救援期、そして復旧期などに時期区分して、それぞれの行動形態、行動基準、議員の参集方法等を定める。大規模災害を前提とする標準モデルとして、発災後の72時間を初動期として職員参集、対策会議設置、安否確認、災害関連情報の収集などに努める。この間、議員は可能な限り地域の救援活動などにも協力する。

発災後の3～7日の間は中期として、災害情報の収集、把握、共有を進め、市の災害対策本部との連携と市の復旧活動の監視を行う。議員は災害対策会議からの参集指示に従う。発災後の7日から1か月の期間は後期と定め、議会機能の早期復旧を図り、復旧復興予算や関連事案の委員会・議会審議を行う。

さらに議会機能を維持する環境づくりという観点から、「(3)審議を継続するための環境の整備」として、庁舎の建物・設備、通信設備、情報システム、備蓄品などの確保を掲げてそれぞれの方針を明らかにしている。議会の建物が使えなくなることを想定して、代替の施設を検討し、あらかじめ使用場所を用意する。通信設備や情報システムについては、多重の設備を用意する。また被災後の3日間の非常用食料や飲料水、トイレや毛布などの生活必需品、防災キットの配備、一般避難者向けの備蓄などの用意を進めるとしている。

4－2－4　議会ＢＣＰ発動の環境整備と改善改革

災害時に重要となる情報収集、災害に備えた計画と訓練、さらには運用の改善等については、「６．情報の的確な収集」として地域の災害情報の収集と、災害対策会議を通じた市の対策本部への伝達方法や、議会と行政の情報の共有方法を明定している。「７．議会の防災計画と防災訓練」では、被災時だけではなくあらかじめの備えや、事後の復興に関して議会の防災計画策定や防災基本条例（仮称）の制定などの整備を進めるとともに、図上演習など議会の防災訓練については定期的に執り行うことなどを定めた。防災基本条例については、議員提案により2015年に「大津市災害等対策基本条例」として制定に至っている。そのための政策検討会議が2014年度には検討を進めていた。

なお、このＢＣＰは完成されたものというよりは、今後の運用を通じてさらにより良く改善されていくべき性格のものという観点から、「８．計画の運用」において、議会ＢＣＰの見直しが定められている。今後の緊急時への対応状況を見ながらバージョンアップをしていくこととしており、実際に2014年の台風災害における経験から、いくつかの修正の検討が行われ、議員の役割に応じて地域の消防団分団長などの役職との兼職を避けることなどが盛り込まれた。

また、2020年の新型コロナウイルス感染症の流行に対応して、議会業務継続計画（議会ＢＣＰ）の見直しを同年8月には行っている。感染症における対策発動の基準明確化やオンライン会議の活用など感染症予防をしながら議会機能を維持する行動基準を明確にしている。地震や豪雨災害等の自然災害を対象に設計されてきた議会ＢＣＰは、新型コロナウイルス感染症対策においては、感染防止をしながら中長期的な観点からの業務継続対策が必要であり、従来の災害とは対応が根本的に異なる側面があることから、これら感染症にも的確に対応できるよう抜本的な改正が求められたといえる。

4－2－5　大津市議会の政策検討の仕組み

議会ＢＣＰの策定に当たって主たる検討の場となったのが、大津市議会政策検討会議である。大津市議会は、いじめ防止条例など活発な政策立案活動で知られているが、その政策力の基礎となっているのが、平成23年に定められた各会派代表で構成され議員の発意により設置運営されるこの会議である。政策提案議員が座長になる点もユニークである。

政策検討会議による議会ＢＣＰの検討は、2013年6月の第1回会議から、2014年3月の第10回会議まで、ほぼ毎月のように開催され、検討が重ねられた。通常の会議は10名の議員からなるが、これとは別に、2014年3月には、全議員が参加する政策検討会議全体会において素案の報告が行われている。

政策検討会議においては、議会ＢＣＰについての基礎的な理解を共有するところから始まり、大津市が直面している災害等の状況について情報収集をした後、市の台風水害の具体例を題材に議会や議員の活動のあり方について検討を始めた。災害等における議会や議員の役割を明らかにし、議会ＢＣＰの必要性や論点を確認した上で、ＢＣＰの方針や重要事項などの計画体系について議論を行い、さらに具体的な内容の検討へと進んだ。そして、災害等の規模や種類に応じた議会や議員の標準的な行動、議会の体制整備、環境整備について取りまとめた。

以上の検討の中心は会議に参加した議員である。専門家や防災担当職員、議会事務局による助言や支援も得ながらではあるが、基本的に、議員相互の討論を通じて、ＢＣＰの内容を練り上げていった。会議10回中7回はワークショップ形式で、自由に意見を述べ合い、議会のＢＣＰとして備えるべき事項やその方向をつくり上げていったし、また疑問点や論点を議論の中で解決していった。策定方針や具体的な行動基準などでは意見が対立し、相いれないところもあったが、ＢＣＰの必要性について目的が共有されていったことで、むしろ合意形成への努力が全ての参加者によって積極的に進められた。

もちろん、執行機関の担当職員からの情報提供、意見の聴取などは有益であったし、何よりも議会事務局の努力は大きい。事務局職員は黒子役ではあるが、ＢＣＰ策定という目標に向けて、様々な議論の中でともすれば着地点を見失いがちになりそうなところで、いわば進路を維持するために腐心を重ねていた。議会の政策対応に関して、政策情報の収集整理や適切な情報提供など、議会事務局の習熟や専門性の発揮も大きな力になっている。

大津市議会のもうひとつの大きな特徴として、大学との協力協定を結んでいる点がある。龍谷大学を皮切りに、立命館大学、同志社大学と市議会との協定が取り交わされている。一般的には外部の専門的知見を議会に注入するという点では、これまでにも特定の専門や論点をめぐって、専門家の招致などが各議会で進められている。大津市議会の場合には、議会として大学といういわば知の総合的拠点と包括的に連携することで、様々な分野の多様な知的資産を重点的に活用できる体制を整えてきたということができる。

議会によるこうした政策の検討の仕組みは、一般的に見られるようになっているが、現実には、仕組みはあっても機能していないところも多い。せっかくの仕組みの運用能力が問われるのだが、それにはやはり議会と議会人の成長と成熟の度合いの後押しが大きく、そのための不断の努力が欠かせない。

参考資料

大津市議会ＢＣＰ第4版（2020年8月改定）

４－３　岩手県議会における業務継続計画について

岩手県議会においては、都道府県議会としては先駆的に、議会大規模災害等業務継続計画いわゆる議会ＢＣＰを策定した。策定日は2018年３月２日であるが、災害時における議会の対応に係る規定を新たに盛り込んだ「岩手県議会基本条例の一部を改正する条例」の施行日（2018年３月８日）以降、議会基本条例に基づく計画となっている。同条例においては、災害等への対応として第２条の２が設けられ、同条により災害に対する議会の対応体制やＢＣＰ策定が規定されている。以下、岩手県議会ＢＣＰについて見てみよう。

４－３－１　ＢＣＰ策定の目的

岩手県議会では、2018年３月、岩手県議会基本条例を改正して、災害時における議会の対応に関する規定を設け、それに基づいて岩手県議会における大規模災害等業務継続計画を策定した。

岩手県は東日本大震災津波の被害を大きく受けたが、その経験や教訓を踏まえ、大規模災害時における議会の組織体制や活動方針等を定めた計画を策定することとした。策定の目的は「震災にとどまらず、台風による大雨被害等県内各地で災害が断続的に発生している昨今、災害時・平常時を問わず、議会としての役割を迅速かつ適切に果たすため、震災時の活動を検証・評価した結果を踏まえ、本県議会における災害時の組織体制や活動指針等を整備するもの」とされている。

岩手県議会ＢＣＰの特徴は、以上にも明らかなように、「(1)被災県の県議会として、当時の議会の災害対応の検証や評価を行い、そこから得た教訓を踏まえた本県独自の内容としていること」という経験を踏まえた独自性を持つ側面と、「(2)　本計画の策定及び本計画に定める災害時の議会及び議員の対応については、岩手県議会基本条例（2008年岩手県条例第72号)に根拠を置くものであること」という議会基本条例に根拠を置いた計画であるところにある。

一般的に言えば当然のことながら業務継続計画は議会として必要とされる機能を、いかなる異変があるとしても維持するためのものである。危機管理あるいは非常災害や緊急時における行動計画の一部という意味を持つ。したがって、その具体的な目的は、次のようになろう。

第１には、いかなる事態にあってもその際何があっても維持しなければならない優先的な活動を維持すること。

第２には、やむを得ず、機能を停止せざるを得ない事態に陥っても、少なくとも優先すべき機能を速やかに回復させることができるようにしておくこと。

第３には、そうした業務機能維持や回復のための準備や実施行動計画を含むものとなっていること。

第４には、実際に議会や議員が計画に基づいて行動できる合理的かつ管理統制力ある規定になっていること。

こうした条件を具備することがＢＣＰには求められているのである。

4－3－2　対象となる災害等

本計画が適用される災害等については、地震、津波、気象災害、噴火、原子力災害及びその他議長が特に必要と認めた災害とされている。対象とする事態の災害レベルは、岩手県において災害対策本部全職員配備体制が取られる事態においては、直ちに本計画が発動されることとされ、こうした事態に対して自動的に活動が開始されることとなっている。

またそれに準じた事態については、前述のように議長判断による場合があり、それについては、災害事態だけではなく、想定外を含めた危機管理、例えば、重大事故、パンデミック、国民保護計画の発動等でも発動されることが望ましいとされている。この点に関しては、実際に新型コロナウイルス感染症対策においても県議会災害対策連絡本部が設けられ意見具申などを行っている。

４－３－３　災害時の議会・議員の役割・機能

災害時の議会の役割として重要なことは、第1には、議決機関としての機能の維持である。議会は県政の政策決定機能および監視機能を担うことから、平常時、非常時を問わず常時その機能を発揮できるようにすることが望ましい。特に非常災害時等には、議会としての活動が困難に陥ることも想定されるため、議会の業務を計画的に維持することとする必要がある。

第２に、非常災害時における議会の役割は当該地方自治体内部の執行機関に対するものが中心になりがちである。しかしながら議会の役割は当該団体内部に留まるものだけではない。岩手県議会の場合には、市町村への協力や国への要請などが掲げられている。災害時等には、国や県内市町村だけではなく、官民合わせてその他の機関と協力して災害対策に取り組み、県政の活動の維持に努めることとしなければならない場合もある。

第３に、県議会の機能についていえば、執行機関ではないことから、災害情報の受発信などに限定的となりがちである。しかしながら議会は非常災害時等においては、情報機能（収集、整理、伝達）、企画調整機能（執行機関や市町村・国等への政策提案、政策策定や実施の機関間調整）を果たすことになるし、岩手県議会でも新型コロナウイルス感染症対策について国への意見書を提出しているところである。

第４に、議会・議員・事務局職員の安全確保である。当然ながら、ＢＣＰは組織構成員の安全確保がなければ機能しないのである。県議会は、非常災害時において、その議員、事務局職員、その他関係者の安全確保に努めることとしている。また、非常災害時において議会機能に必要な施設設備の維持管理を適切に行うこととしている。

第５に、災害時の会議の運営の在り方についてである。災害発生時等において開会中の会議がある場合には、県政運営および執行機関への対応のため、岩手県議会では臨機応変に対応するとし、会議等については、改めて日程を調整するとしている。本来的には、議会機能を維持し、審議を継続していくことが望ましい。そこで、必要に応じて会期延長を行うこととする必要がある。執行機関の災害対策本部設置時には、その解散があるまで会期延長することが望ましいのである。なお、閉会中については、議長は速やかに議会の招集を知事に請求することとしてもよい。

第６に議員の役割としては、岩手県議会ＢＣＰでは、連絡体制確保、安全確保と地域協力、情報収集と発信、災害対策連絡本部調整会議の構成員の参集などとなっている。自助、共助、公助の意義からすれば、災害時に議員は、まず、議員自身の安全確保を第一に行動することであるし、その後、家族や周囲の安全に配慮し行動することが必要となる。

4－3－4　岩手県議会災害対策連絡本部

災害時には、岩手県議会災害対策連絡本部が設置される。その構成員は、全議員である。本部長には議長、その代理には副議長が就き、さらに事故あるときを想定して議会運営委員長と副委員長という本部長代理の順位を決めてある。その役割は情報の一元化が中心であり、災害被災情報の収集や共有、発信、また救援等の要請などである。

岩手県議会では、この本部には調整会議を置いて、本部の運営に関する調整等を行うこととしている。調整会議は議長、副議長、議会運営委員会委員長、副委員長、各会派代表により構成される。本部が全議員であることから、調整会議による被災状況の情報収集、要望の集約、提言の調整など本部の決定の準備を行うことになる。調整会議についても、議長あるいは職務代理による召集、運営を規定し、また会派代表についても会派内で順位を決めておくこととして、不測の事態に対処するようになっている。なお、調整会議の構成員は災害対応の非常参集議員である。役職者の参集は定められているが、非常事態等の参集条件等は必ずしも明らかではない。非常時の役職にある議員は、それぞれの安全確保の後、速やかに参集することとして、その選挙区あるいは居所等は問わないのが一般的である。

岩手県議会災害対策連絡本部には事務局が設置される。事務局は議会事務局がその任にあたる。事務局は情報収集や連絡、議員や職員の安否確認などを行う。情報の収集と整理、発信のために情報機器や通信体制の整備を行うこととしている。

４－３－５　議会ＢＣＰ運用の環境整備

なお、災害時への備えとして会議場所の確保にあたっては、現在の議場が使えない事態においては、近隣の場所も使えなくなっている想定もしておくこと、また耐震、防火、風水害への強度に配慮することになるが、具体的な場所については検討中となっている。また、議会機能を維持するためには、災害備蓄、電源確保、議員や職員の避難所の設置にも配慮して、議員会館での備蓄計画などが立てられている。また、訓練やマニュアルなどの整備も進められている。

職員は、安全確認のうえ、優先順位にもとづいて非常参集し、事務を担うことになるが、この点については、別に定めるとしている。

災害時の行動や対応については、開会中と閉会中に分けて、また、災害発生時の時間的な推移から、発災当日、72時間までと、それ以降に分けて、対応を示している。なお、閉会中であれば議員の所在は区々であり、また災害の種類によって、例えばパンデミックのように数か月から数年にわたる場合もあることから、災害時の行動方針や対応については、様々なケースを想定する必要があること、また、想定外が発生することが当然と考えて応用ができることを基本として具体的な行動を計画していかなければ、実態を伴わないことになる。

参考資料

岩手県議会基本条例（2018 年3 月改正）

（災害等への対応）

第２条の２　議会は、災害等の発生に際し、迅速かつ機動的に対応するための体制の整備に努めるものとする。

２　議長は、災害等が発生し、又は発生するおそれがあるときは、必要に応じ、会議規則で定めるところにより協議又は調整を行うための組織を設置するものとする。

３　議会は、災害等の状況を調査し、県民の意見及び要望を的確に把握するとともに、必要に応じ、知事等に情報提供、提言等を行い、及び関係機関に対し要請を行うものとする。

４　災害等が発生した場合の議会の活動方針等については、別に計画で定める。

５　議会は、前項の計画で定めるところにより、その役割を適切に果たすよう活動するものとする。

コラム　大津市議会業務継続計画（議会ＢＣＰ）作成に参与して

筆者は、2013 年度、大津市議会における議会業務継続計画（ＢＣＰ）の作成に際して、大津市議会と同志社大学の間で締結された教育研究協力協定に根拠を置く研究指導契約に基づき、専門的な助言を行うという名目で、大津市議会政策検討会議に参与させていただくことができた。この参加経験に基づいて議会ＢＣＰの在り方について多くを学ばせていただいたことを申し添えたい。

ＢＣＰは、執行機関では策定されているが、議会独自に作られるのは、国会を除けば大津市議会が初めてである。企業や執行機関のＢＣＰに比して、２元代表制をとる地方公共団体議会においては、その策定は様々な制約のもとで進めざるを得ない。災害時に議会にできること、議員として行動できることを考え、想定内であれ想定外であれ議会機能を維持し、たとえ大災害時でも早期の機能回復を目指すことになった。大津市議会では政策的な条例や計画の策定については、政策検討会議で、自由闊達に議論を行い、それをもとに議会としての意思決定を意欲的に進めてこられているという実績とその基盤があり、本ＢＣＰもその成果であるといえよう。大津市議会ＢＣＰそれ自体はいまだ発展途上にあり、直近では新型コロナウイルス感染症対策を踏まえた改正を加えるなど、改善が進められている。

今後とも、議会としての存在意義を発揮し続けるために、ＢＣＰの運用と見直しを通じて、その成長を目指されるよう期待したい。

（新川達郎）

第５章
災害復興と議会

５－１　災害予防・救援・復旧・復興における議会

５－１－１　災害をめぐる議会の役割変化

従来、地方自治体の議会は災害発生などの非常時に際し、これまでは特に何かをするという役割あるいは責務はなかった。しかしながら、阪神・淡路大震災、東日本大震災、その後の震災や豪雨水害、台風被害、感染症流行と続いた大規模災害を受けて、防災、減災にもっと積極的に取り組み、日常的に議論し対策を考える必要が認識されるようになっている。民間企業や地方自治体行政（執行機関）では、すでに事業継続計画あるいは業務継続計画（いわゆるＢＣＰ）が策定されている。行政機関はどういう事態になっても継続的に提供し続けなければならない行政機能を維持する仕組を考えるようになってきているのである。

もちろん非常事態、緊急事態においては、まず事前に防災があり、減災対策があり、発災時の救援があり、その後の復旧があり、復興がある。そうした一連のプロセス全体を視野に入れて災害に対する議会の対応を考えなくてはならない。もちろんその観点はあるとしても、当面どうしてもやっておかなければならない重要なポイントとして、災害時の行動方針の決定、災害時の行動マニュアル、災害時の非常緊急事態の組織体制整備、そしてＢＣＰ、業務継続計画がある。

それでは地方自治体議会の災害対応をどう考えたらよいのであろうか。議会の防災体制は多くの場合、議場、委員会室、議員控室、事務局それぞれに管理者がいて管理しているが、庁舎管理自体は執行機関の管理下にあるので、その委任命令を受けて議会事務局長等が防火管理者等になり管理する図式である。つまり災害が起きても議会や議員自身で行うことは意外になく、議会が被災しても執行機関で対応する構図になっている。

しかし、近時の大規模災害でも局地的な災害でも議会の役割が大きいと改めて認識され、指摘されている。実際、議員の地元で災害が起こった時は議員自身が災害現場で消防団、水防団の役員として活躍したり、現場で実際に救援活動、ボランティア活動を行ったりというケースも多く見受けられる。議員自身が議会人である前にまず住民として災害に対応している。その中で同時に、執行機関との連絡、住民の要望のとりまとめ、地域の避難体制づくり、さらには救援の進捗など住民への情報提供などで、議員が議員として果たす役割は大きいものがある。

5－1－2　防災と減災を考える：災害対策で優先すべきこと

第1章で指摘したように災害時において最優先に考えなければならないことは、人命を守ることである。外からは誰も助けてくれないことを前提に、自助と共助を強調せざるを得ない。もちろん行政や政府による公助が非常に大きな役割を果たすことは否定しないが、地震などの大規模災害が起きると発災直後から、局地的なら数時間、市町村にまたがるケースであれば1～2日の間は、被災地域が自分たちで何とかするしかないとこれまでの経験から言えよう。その中で人命最優先をどう実現していくかが課題である。

最近、国土強靭化で視点がインフラ整備にばかりに集まる気配があるが、強靭化ももともとは人の命をどのようにして守るか、そういう社会をどのようにつくるかということからきたはずである。そういう観点での人命最優先こそ東日本大震災の非常に大きな教訓だったと言える。そうした観点からしてハードに依存しない人命最優先の減災のソフトに注目が集まったのは当然であった。

加えて地震災害で露呈したのが都市のインフラ基盤の弱さである。日本中が都市化したためどこも同じではあるが、特に造成地の上に建つ都市の基盤は意外に弱く、液状化現象に対してライフラインもなかなか修復しにくく時間がかかることが明らかになった。その復旧の方法を考えておかないといけないという大きな教訓があった。

日本は災害大国であり、被災が今後も予想されるが、被災直後の生命の維持、生活の維持をどう考えるか。また、支援物資、支援人員の供給体制をどう確保するか。これは単に、人や物を確保する、大きな備蓄倉庫をつくることではない。支援物資は被災者１人ひとりのところに届かないと話にならない。従来のプル型による支援では、必要とするところに届けようとして、震災直後は多くの支援物資が届くが、どこにどう運べばいいのかわからない状態がしばらく続いた。今ではプッシュ型でともかく届けるということを重視した方向になってきているが、これもまた本当に適切かどうか議論はある。支援物資は、供給する側だけでなく供給を受ける側の体制も整えプッシュ・プル型で準備しなければならない。

物のサービスだけでなく、人的サービスも、医療サービスも福祉サービスも、それをどこにどの程度供給するのか、１人ひとりの被災者にどのように届けるかというしくみを準備しておくことが必要である。東日本大震災では阪神・淡路大震災を経験した緊急医療チームが病院、日本医師会、その他団体から派遣された。ただし、阪神・淡路大震災で必要とされたのはどちらかといえば直接的な地震災害で外傷を受けた方の救援で、がれきで負傷したようなケースが多かったという。しかし、東日本大震災ではむしろ、水難、低体温症や、高齢者のケアなど、どちらかといえば内科的な比重が高い医療が必要であった。そうした点もサービス供給体制を考える上での教訓にしなければならない。

５－１－３　地域防災計画に議会の姿が見えない

東日本大震災以後、大規模災害を受けた市町村の災害対策を都道府県や国がどう支えるかも大きな課題で、それをふまえて災害対策基本法の見直しが進んだ。市町村の災害対策を国が相当程度支援し、一緒に活動し、市町村長に代わって救援や復旧活動ができる体制づくりまで進んでいる。しかし、第１章で触れたように議会の位置づけは全く議論されていない。

例えば災害対策基本法で策定が定められた地域防災計画では一般対策として自然災害への対策が行われ、東日本大震災を受けて地震、津波、原子力災害については各地でそれぞれの地域防災計画が立てなおされた。一般対策の自然災害には、台風、竜巻、洪水、土砂崩れのような風水害、大規模火災、列車や飛行機や船舶の大事故などが想定されるが、原子力災害も含めて当然、地域全体に関する防災計画がなければならない。

ところが思い起こしてみると、今までの地域防災計画の中に「議会」という言葉を探してみても見当たらない。例えば具体的には、庁舎の議会棟が壊れた時に議会は何ができるのか、どのようにしたらよいのかということがあるが、議会棟は議会のものではなく執行機関のもので、議会は行政が作成した地域防災計画を使うだけという状況であった。しかし、議会が会議を開く場所が他人任せでよいのか。そんな事態になった時、本格的に議会が機能する議場をいつまでに確保できるかを考えると、庁舎の建て直しまで待たなければならないという話になる。もちろん現実には別の場所を議場に定めれば議会は開けることから機能上の問題は特にない。しかしながら、そこが議会活動の場として適切な条件を整えているかというと、恐らく多くは借りている仮の場所でもあり十分な設備が備わることはあり得ない。法律上も議会の緊急事態対応はあまり期待されていない。

地方自治法も、何か大災害が発生したときに議員たちが集まることをそれほど深刻に考えてはこなかった。例えば、以前から臨時議会の招集の請求は議長や議員が請求すれば行えたが、残念ながら知事や市町村長が招集しなければ開催できない構図になっていた。それが鹿児島県阿久根市で問題になり、ようやく数年前の地方自治法改正で臨時議会の招集権限が議長に与えられた状況にある。

5－1－4　議員が情報の受信・発信のつなぎ目になれるか

東日本大震災では議員を始め、議会事務局や自治体の職員自身が被災者になったケースが多数見られた。議員は、自分の生命、財産、家族を守りながら近隣社会と関係を持つ個人としての役割と、議員として議会を構成し、地域についての意思決定をする重要な公共的役割を果たす公人としての役割を、分けて考えなければならない局面に立たされる。これは業務継続計画にもかかわる部分であるが、議会を機能させるために個人としての活動に一定の制約が発生せざるを得ないのである。

被災時の具体的な問題として、議場そのものが震災などで壊れる、津波を受けて使えなくなるようなケースがある。議員自身が被災し、交通インフラが壊滅的な被害を受け議会の招集に応えられないケースもある。東日本大震災では、３月議会で重要な議案の議決を終わっていたところはそのまま閉会すればよかったのであるが、そうでないところは予算案を青空議会で議決したところもあった。議会活動はそれで終わるわけでなく、被災後もずっと議会として災害対策の調査や検討、各機関への要請を重ねたところもあった。一方で議会活動はヒトもカネもモノも大きな制約がある中で行わざるを得ず、簡単に集まって意見や要望書を出せるような状況ではなかったとも言われている。

台風水害、局所的な豪雨水害でも議員自身が被災者になる場合が当然ある。その一方では、被災現場の第一線で議員が活躍しないといけない場合もある。例えば、消防団や水防団の分団長として、また自主防災組織の役員として、地域の防災活動や、土のうの手配、ポンプの搬出、備蓄物資の配布など、被災後の救援活動や復旧活動に尽力するケースも非常に多い。

いずれにしても、議員が被害状況を把握しながら現場で活動すると同時に、被災情報を災害対策本部など執行機関に伝達し、執行機関の災害対策がより的確に進むよう働きかけるという、議員活動のもう一方の重要な役割もある。しかしながら、発災時や発災直後、あるいは復旧初期の時期に個別の議員が、立ち上がったばかりの災害対策本部に次々に連絡すれば何が起こるのかは、明らかである。それは情報の錯そうであり、情報の偏りと的確な情報受発信の障害であり、組織的な対応の大混乱の原因となる。そのため結局、重要な情報の連絡が滞り、貴重な情報がほとんど役に立たない状況になりかねない。

5－1－5　議会や議員の第一の役割は災害時に情報を結びつけ対策を考えること

議会として防災・減災にどのように対応するのか、危機発生時に議会や議員はどのように動けばいいのかなどを、改めて考えなければならない。災害時、住民は現地、現場の情報がなかなか手に入らない。マスコミの一般的な情報はあっても自分の住んでいる現に被災している地域の個別の情報はなかなか入手できない。むしろ個別の情報はフェイスブックやツイッター、ラインのほうがはるかに手に入りやすいという状況も現実に起きている。

地域の被災状況が現在どうなっているのか。救援や復旧がどこまで来ているのか。そうした情報を的確に住民に伝えることが、住民の安心につながり、またそれが議員の役割になるケースも多々ある。避難所の運営でも同じように被災者のニーズについて議員がきめ細かく情報を伝える役割が大きくなることがある。いずれにしても、被災地域や被災者の情報と、それに対して災害対策を行う側の情報の双方をどのようにして上手に結びつけるかというところに議会や議員の役割があると考えてよい。

ただし、単なる情報交換だけで終わると地元で活躍するボランティアの活動の延長にとどまる。議会も災害対策とその後の復旧・復興に大きな責任を負っていることを自覚しなければならない。その立場でいえば議会は復旧や復興にもっと早い段階から目を向けなければならない。議員一人ひとりが問題をしっかり考えながら救援、復旧活動に当たることが必要となっており、単に議員が地元の状況を個人的に把握するだけでなく、議会として被災の状況を全体を通じてしっかり確認するべきである。

発災後、半月あるいは1か月後に議会や委員会で被災地に行き状況を把握しようとすると、住民から「今ごろ何しに来た」と反発する声が聞かれるという話がある。地域は「何を今さら」でも、議員がきちんと状況を把握しなければ議論もできない。そうした地域事情も踏まえて、議会はどの段階でどのような情報収集を行い、どのようにして検討を始めるかというタイミングは非常に重要である。それは将来の物事の進め方を大きく変える大事な活動の始まりで、議会としての災害対策活動の端緒をどのようにつくるかという問題と結びつく。

災害に際して議会ではいろいろな調査会や特別委員会を立ち上げる。東日本大震災でも急いで発災直後の1週間ほどで立ち上げたところが結構あった。すばらしいことではあるが、実際に被災状況を把握して対応策を考える必要があるし、議会内でできる限り整理した上で政策的な対応を議論することが求められる。それは議会だけではできず、外部からの支援や、何よりも執行機関との連携・協力が必要となる。同時に議会内部では議会組織や議会事務局の機能回復が必要になる。

5－1－6　災害時の議会の効果的な活動を支える危機管理体制を考える

議会が住民の救援や復旧で働くには、議会が情報収集し情報提供できる体制を早くつくること、住民の要望を受けて議会内で整理し、執行機関にきちんと伝えるしくみをつくることにかかっている。個々の議員でやろうとすると混乱のもとになるが、議会で整理した情報を伝えれば災害対策本部も高い優先順位で対応せざるを得ない。別の言い方をすれば、執行機関側の災害対策本部に思い込みで勝手な活動をさせないためにも、議会として救援や復旧の対策をできるだけ早い段階でまとめる必要がある。

災害時は執行機関優先で対策がとられることが当然とされてきた。「執行機関優先」「首長主義」と言われる地方自治制度では、災害時は特に首長に権限を集中させ、迅速かつ効果的に災害対策を実施しようとしている。そのような制度であっても、基本的な条例や予算にかかわる議決権などを通じて、議会にできることは多く、執行機関の災害対策に議会として政策的には幅広く対応できると考えるべきであろう。

例えば、東日本大震災では補正予算も含め多くの専決処分がなされ、数百億円から1,000億円を超えるような補正予算もあった。「3・11」の後の専決も多くは3月末から4月で、4月初めに臨時議会の招集ができた地方自治体でなぜ専決するのか不思議な例があった。

そのような議会が軽視されかねない状況のなかでは、議会が物理的な災害に対する防災とともに、制度上の防災体制を具体的にどのように整備するかによって、議会の存在意義が左右されることになる。議会にとっての大きな課題は、議会防災体制の整備ということになる。別の言い方をすれば危機をどのように上手に管理するかであり、危険が起こりそうな可能性に対し、あらかじめどのような準備をして対応するか、いざ大変な事態が起こった時、それに対応してどのように動けるかが問われている。そのような議会の危機管理体制を考える必要がある。

現在は、議会に危機管理計画のようなものがあるわけでも、議会独自の防災計画があるわけでもない。あくまでも執行機関で制定した地域防災計画があるだけである。執行機関では地域防災計画の一環として業務継続計画（ＢＣＰ）が作成されるケースが増えている。ただしＢＣＰについては、国の機関では実質的に義務づけられても、都道府県や大都市以外の地方自治体では、未整備なところが多くなっている。

危機管理計画だけで物事が進むかというと、それほど簡単なことではない。具体的に日常の活動で扱う災害時の対応マニュアルをつくらなければ行動はできない。被災時やその直後の救援期の対応においては地域防災計画のレベルではなかなか対応は難しい。例えば、地震が起これば最初の30秒間は何をするか、3分間で何をするか、3時間で何をするか、3日間で何をするかという初歩的なものしかないのが現実でもある。そのような災害時の対応を具体的なマニュアルとして体系立てて考え、被災状況全体を把握して組織体制を整備することも重要である。

5－1－7　危機管理において、想定内は防災、想定外は減災-

災害時の危機管理にはいくつか問題がある。災害は一般的に想定内の災害と想定外の災害に分けられるが、危機管理は想定されるものが起こった時、どのように対応するかだけでなく、想定に入らない新しい種類のリスク、想定を超えた大規模なリスクがやってきた時、被害をどのように小さくするかも考えなければならない。したがって、危機管理は想定内と想定外の両方が基本で、想定内のものはあらかじめ防げるので防災が主、想定外のものは被災の程度をどのくらい下げるかという減災の考え方が重要である。効率性から考えれば想定内のものも含め減災の考え方をベースに危機管理体制、防災計画体制に対応すべきということもできる。

リスクは多種多様にあり、震災や集中豪雨だけでなく、土砂崩れや雪の多い地方では豪雪もある。国際関係を考えれば戦争はなくてもテロはありえる。新型コロナウイルス感染症を始めエボラ出血熱やデング熱のような感染症の問題もある。

そのようなリスクの管理は、まず自主的、自立的に物事を考えることが重要で、それに応える自主的な行動が期待される。議会についていえばその自主的な活動があってはじめて住民や他の機関に対し発言することができる。

５－１－８　議会災害対策の制度化・計画化

そうした災害に対し、議会としての対応策を具体的にどのようにルール化し、危機管理体制づくりをどのように進めればよいのであろうか。

それを考えるとき、議会基本条例が2020年には全国でほぼ50％の議会において定められていることが手掛かりになる。議会基本条例の中には危機管理あるいは災害対策をすでに定めている地方自治体議会も多いのである。もちろん、それさえあれば議会の危機管理や災害対策が進むかと言えばそうではなく、やはり議会としての防災活動、防災体制の整備がなければ実際には進まない。その推進の基礎となるのが防災計画、あるいは危機管理計画であるが、議会ですでにつくられたかというと、そうした実績はない。当面は、議会としての災害対策を推進する組織体制づくりと行動指針や非常災害対応マニュアル策定ということであろう。なお、災害対策本部という名称は執行機関の災害対策本部とまぎらわしいので、議会らしい災害対策の組織体制の名称を考える必要もあり連絡や推進・会議が使われる例もある。

災害からの復興については、通常の議会活動の延長で行うところも多いが、それについても考えておくべき点は多い。執行機関でつくる復興計画も、計画づくりの段階から議会として発言することが必要である。東日本大震災以後の動きとして、議会が復興計画を議決事件に追加するケースが出てきた。気仙沼市や大津市のように議会も復興に責任をもって関わる動きが進んでいるのである。本来は議会として防災計画をつくり、業務継続計画をつくり、そのもとで議会機能をできるだけ早い段階で回復させ、その機能を維持するとともに、復興計画に参与していくというのが、これからの非常事態に対する議会の行動の基本になると考えられる。（議会と地域防災計画との関係や議会を含む災害対策条例については第1 章を確認されたい）。

5－1－9　災害時に議会機能を維持する議会ＢＣＰの策定

議会が業務継続計画（ＢＣＰ）を策定して非常事態や緊急事態の発生時に即応する体制をつくることができるか。残念ながらＢＣＰを考えているところは全国でもまだ少数であり、2019 年度末段階で、市町村議会で50 団体程度しか策定されていない。そもそも議会の危機管理体制がないし、災害時に議会組織内部の指揮命令系統や情報の受信・発信をどのようにするのか、ようやく半数近くの議会で要領のような形で方針が示される程度である。首長が議会を招集するまで待つのであろうか。本来なら被災地の地方自治体における復旧や復興に関わるべき議会が、それができないまま時間だけ過ぎることも起こりかねない。

議会の機能を被災時においても、少しでも早く回復させるのが業務継続計画の基本的な考え方である。災害時に議会がどのように参集して議論できるか、その前提となる議員との連絡、安否確認も含めた体制をどのようにつくればよいのか、議会事務局の職員はどのような位置づけで集まればよいのか。現行では多くの場合、議会事務局は災害時に執行機関の総務部門に位置づけられ、災害対策本部の総務部門の補助をするという位置づけであるが、そうであれば議会の機能を回復させるために議会事務局を働かせる方向で改正をする必要があろう。

議会ＢＣＰの策定は、災害時に議会の本来の役割を果たし続けられるよう、あらかじめ体制づくりを行っておこうという業務継続計画の必要性への基本認識である。災害時、議会と議員がどのように動き活動すればいいのかを改めて確認し、被災時の執行機関との協力、支援だけでなく、執行機関が適切に働いているかをチェックする役割も大きいということから、少数ながら議会ＢＣＰを策定するところが現れ始めたのである。（なお、議会ＢＣＰについては、第4 章を参照されたい）。

５－１－１０　地域の防災・減災・復興対策を担う議会に

議会の防災対策では当然、執行機関の防災対策との関係を考えざるをえない。災害対策本部に議会をどう位置づけるかは執行機関の考え方次第であるが、今では、通常はオブザーバー参加のような形で認められ始めている。議会の全員協議会に対し災害対策本部が災害やその対策を説明するような形はこれまでもあったが、改めて災害対策本部と議会との連絡・調整の関係をつくる必要がある。大津市の場合は議会事務局の職員が災害対策本部付になり、執行機関への位置づけをして議会との連絡・調整役にした。そのような連絡体制がまず重要である。

執行機関への関わり方は災害対策本部との連絡のパイプを設けるだけではなく、議会が積極的に関与しその役割を果たす制度もいずれ必要になる。具体的には地域の防災対策の基本条例のようなものが、少数ながら策定されているが、執行機関中心になりがちなところを、議会や住民あるいは事業者などを含めた総合的な観点での策定が望まれる。実際、災害対策を進める上で議会そのものが積極的に関わる場面が必要なことは明らかであり、特に救援段階よりも復旧や復興の段階において議会の役割は大きい。

議会では総合的に危機管理の考え方を持たなければならず、業務継続計画はその一部に位置づけられる。緊急時は危機管理者としての議長、事務局長、危機管理担当の組織、さらに議会運営委員会や、各種委員会等を通じて復旧や復興につながる図式を考えなければならない。そうした運用のためには、物理的な施設の整備も重要であり、備蓄や情報通信体制は生命線となる。また、議場は意外に耐震レベルが低いところが多く、議場の耐震も少し意識して考える必要がある。

復興における議会の役割については、従来、災害復興はもっぱら執行機関、場合によっては国の方針に基づいて県、市町村が動くことが多い一方で、議会はあまりそこに積極的にかかわることはなく、住民からの要望などを伝えるのが役割であった。しかし東日本大震災のような大災害や各地で起こった豪雨水害などを見る限り、もう従来のような行政中心の復興計画の進め方では多くの人の満足を得ることは難しく、議会としてきちんと対案を出し、住民と一緒に復旧や復興を考え始める時期が来ていると思われる。

その第一歩が復興計画で、行政の計画に議会がどう参加するかという点である。復興計画を議決案件として議会も責任をとること、できあがった計画について監視しチェックすること、それらを通じて議会も責任を持ち、復興を一緒に考えることが重要になる。災害時、住民の代表である議員で構成される議会は、意思決定機関として行動することが基本である。危機事態に際し、自治体の意思決定機関であることは、当然のことながら意思決定し続けなければならず、災害で非常事態だからそれを止めるわけにはいかないということである。もちろん発災時のその瞬間にも意思決定せよとは言えないが、救援、復旧・復興の各段階で議会機能を十二分に果たすしくみをどうつくるかが、災害に際しての議会の役割だと考えられる。

参考文献

稲継裕昭（編）(2019)『東日本大震災大規模調査から読み解く災害対応―自治体の体制・職員の行動―』第一法規
岡田知弘（2013)『震災復興と自治体―「人間の復興」へのみち』自治体問題研究所
鍵屋一（2019)『自治体の地域防災・危機管理のしくみ（図解よくわかるシリーズ）』学陽書房

5－2　震災復興と議会・議員の役割

5－2－1　復旧復興の進展とその評価

東日本大震災の被災地では、被災後10年近くを経て復旧復興が進みつつある。その復旧復興は、もちろん福島の例をとるまでもなく玉虫色であり、大きく進んでいるところもあれば、いまだ何等の将来展望も持てないところもある。いずれにしても国の各府省と県、市町村の行政は、復興を懸命に進めているところである。復興事業は、個別に見れば、インフラ整備にしても、また復興公営住宅の建設にしても大きく進んでいることは事実である。一方で、仮設住宅はその入居期限こそ延長されているが、徐々に集約され、恒久住宅への転居が着実に実施されつつある。インフラ整備は完成しているわけではないし、工事の遅れが懸念されているところもあるが、道路や堤防は着々と工事が進んでいるし、鉄道の復旧も進みつつある。こうした事業のための復興予算が大量に投入され、公共土木事業は確かに進んでおり、住民生活を支えるインフラが整い始めているのである。

復興の現場で、その最前線に立つ地方自治体は、極めて重い負担の中で活動している。その事情はどこをとっても同様である。とりわけ、被災地の市町村自治体は、震災後の数年間は例年の何倍もの予算規模で事業執行をしていかざるを得ない状況にあり、事務処理だけでも手いっぱいというのが実情であった。各自治体は予算にしても決算にしてもかつてない規模の金額を処理しているし、事業計画や事業実施にしても、被災地の行政の大きな負担で進捗することになる。こうした事務負担に対して、他の自治体からの応援が入っており、被災後2 年を経た時点でも、各都道府県市町村からは被災地域に約2000 人余りの自治体職員の支援があった。国による人的支援や財政的支援のための予算措置も行われている。もちろんそれで十分な復興ができたなどというつもりはなく、現場の疲弊感はその後も強いものがあるし、実際に職員の中には過労を原因とすると思われるような様々な問題が発生している。そして復興それ自体はまだら模様であり、全体としては評価の難しい状況にある。

5－2－2　復旧復興の進展とその評価

ともあれ、行政の活動が分厚く進められる中で、そして人的な支援もあって行政の体制が整えられる状況の中で、2 元代表制といわれ、地方自治を支える車の両輪に例えられる機関である議会やそれを構成する議員の存在の影は相対的には薄くなる傾向がある。確かに、復興事業それ自体が国の政策と大量の国費によって支えられていること、国のスキームに従って、行政執行されていることを考えれば、議会が介入する余地は相対的に小さい。また、執行機関権限によって復興まちづくり計画などが策定され、それに従って計画的に事業執行が行われているとすれば、議会の出る幕は少なくなっても致し方ないかもしれない。

とはいえ、地方自治体の責任で復興事業が進むところが多く、その責任が大きく問われる。こうした観点からは、重要な意思決定の議決にかかわる地方自治体議会の役割は大きい。それにもかかわらず、議決機関の存在が希薄化していることは問題だと思われる。

その問題の背景にあるのは、一つには、制度上の議決権限の在り方や議会の権能にかかわるところについてである。一方では、復興政策の決定や予算の議決、事業執行状況への監視など、多くの関与が可能ではあるが、実質的に事業執行が進むと議会の関与は事実上難しく、すべて追認していくしかないという事情もある。現に進んでいる事業を止めるわけにもいかないケースもあって、その審議を深めることは難しい面もある。例えば2013年時点では、宮城県名取市では、津波で大きな被害を受けた閖上地区の復興について事業の進捗が遅れていたが、これをめぐって議会の震災復興調査特別委員会での審議が行われた。とはいえ、実際の災害復興住宅や換地再建・移転先団地事業については、行政と住民、そして復興庁との間の議論で、その行方が決まっていくところがあり、議会として行政権限に属するところにどのようにかかわっていくのか難しい面がある。

議会と議員には、もう一つ、大きな役割がある。それは政治的な意味での活動であり、住民代表機関として、地域の住民意思を集約し表出することであり、それを政策に転換していくことである。この点で議会や議会人の活動が積極的に展開されているという印象はあまりないし、整備事業が進む状況の中でむしろ政治的には発揮されるべき議会や議会人の活躍の姿やその役割がきわめて見えにくい。つまり、住民間や住民と行政の間に対立や論争があれば、その議論をリードし、合意の調達を目指すのも、住民代表機関としての議会の役割であるが、残念ながら、そうしたかかわり方はあまり見られない。

まだら模様ではあるが、震災復興が進む中で、地方自治体における議会の存在意義は、むしろあいまいになってきている。議員の中にも、できることは限られていると考えている向きもあって、市町村からすれば国や県にお願いするしかないというある種の無力感があり、その中で限定的ながら頑張るしかないという気持ちも強いかもしれない。そこで議会や議員として何ができるか、その役割や意義を改めて考え直さなければならない。

５－２－３　復興における議会と議員の役割再考

復興事業が行政的に進められ、それが実際に進むほどに、議会の役割はなくなってきていると述べたが、それは客観的にも明らかなのであろうか。確かに、防災計画には議会の出番はないし、議会は執行機関ではないので、復興事業に直接かかわることはない。しかしながら視点を変えてみると、議会の出番はいくらでもありそうなのである。

まずは、これまでのマインド・セットを見直すところから始めてみよう。

第一に、現在進行している、あるいはすでに計画されている復興事業に関与できる最大の勢力は議会だという観点である。確かに復興事業等に議会が同意し承認を与えてきた側面もあるし、予算化を認めてきたということもある。そしてすでに着工されている事業を止めることは、きわめて多くの困難が伴う。しかしながら、同時に、その判断の過ちが明らかになった時に、それを止めることは、未来世代への責任であり、それができるのも議会の力である。

執行機関の権限は絶大であるが、独任制であるために、かえって判断を覆すことができにくい。結局は首長交代を待たなければならないことは従来の事業の中止をめぐる論争でも明らかなのである。そうだとすると、事業の休止あるいは廃止、また事業の見直し、内容の修正などは、公式に議論しなければならないが、そうした機会は独任制の長の場合には現実にはほとんどない。

政治的で事実上の論争が政策変更の中心になるのであるが、その中でも最も権限があり公式の政策決定に近いのが議会での議論であり、こうした問題を決着させることができる議論は、議会でなければできないのである。震災復興がある程度進んだ現状において、その事業が住民にとって本当に望ましいものかどうか、その効果や効率性を見通すことがようやく可能になっている段階で議会の出番があるともいえる。そうした時期に、議会本来の権能の発揮という観点からすれば、こうした監視権限の行使とそれを通じての政策修正こそが、今、最も議会に期待されているのではないだろうか。

5－2－4　総合的に復興を考える議会

第二に強調したいのは、地域課題に総合的に取り組むことができるのは、今後、行政よりも議会だという点である。

震災復興が、地域生活を根こそぎにしてしまう性質のものであり、復興は、地域それ自体の根本的な再建という意味を持つこと、したがって政策的には、その総合性、多面性という側面が強調されるという点である。

今次震災からの復興は、地域のすべての人々にかかわり、住民生活のあらゆる側面にかかわるものであり、地域を挙げての活動にならざるを得ないという性質を持つ。そしてその問題の一部が切り出されて行政対応がされていると考えれば、そこで多くの空白が生じていることはすでに諸所で指摘されているとおりである。むしろ議会が対応していかなければならない領域は極めて多く、行政の縦割りや横割りを超えて議論ができるのが、議会の優位性である。

５－２－５　未来志向で政策責任を果たす議会

第三に、今次の復興が、その被害の大きさもあって、復興が完成したといえるのは次の世代を待たねばならないかもしれないという点であり、それに対応した議論ができるのは、これまた今のところ議会しかないという点である。そもそも持続可能な地域を将来世代に引き継いでいくことができるかという観点からは、政策の執行に関心が集中する行政には、現在への関心が主となり、将来世代のための事業という視点での見直しは難しい。

復興の政策過程からすると、政策決定はもちろん議会の権限であるが、行政によるその実施についての監視や評価もまた議会の重要な役割である。政策過程をいわば客観的にみることができる立場からの視点が、とりわけ不確実な未来に向けての政策決定を考える上ではきわめて重要となる。

将来の地域を展望した議論は、もちろん、復興まちづくり計画や基本構想、基本計画などにおいて行政計画として策定されるが、それらは同時に議会の議決を得ることが当然とされるようになっているし、その策定や将来展望を慎重な審議を通じて考えることは議会の責務でもあろう。そうした行政計画に限らず将来の地域像を様々な観点から政策として語ることは責任ある政策専門家としての議員の役割である。

5－2－6　回復力の高い地域へ

第四に、議会が執行機関とともに考えなければならないのは、「将来への備え」である。復興の問題はさておき、復興後の地域をどのような地域にしていくのかというときに、前提条件として求められているのは、より強靭な社会、回復力の高い社会を作ることであろう。つまり、何らかの災害によって被災し、住民生活に大きなダメージがあっても、その打撃を緩和し、「減災」を実現する力が備わった地域をつくっていくことである。

通常こうした観点は、地域の防災計画の中で考えられるべきであり、執行機関である長の任務であると考えられている。しかしながら、その一方では、現実に想定外の災害発生がありうることや、防災や減災にはすべての住民を巻き込んだ対応策が必要になってくることからすれば、議会と議員を含めた地域の総力をあげて取り組む必要がある。

とりわけ、災害直後の72時間までは、自助と共助を中心に働かせなければならないが、そうした住民組織を基盤とした対策については、市町村においては、自主防災組織や消防団に議会と議員が深くかかわっているところも多く、議会と議員の議論を抜きにしては成り立たないところがある。例えば、回復力の高い地域を実現するために、行政については、都道府県や政令指定都市等では、業務継続計画（Business Continuity Plan = ＢＣＰ）の策定が進んでいるが、これは同時に、議会のＢＣＰや、地域社会あるいはコミュニティのＢＣＰを併せて考えていく必要があることを示唆している。そしてこうした議論も、議会から起していく必要があるといえよう。

5－2－7　被災経験から未来の展望へ

東日本大震災の経験から、地方自治体の議会と議員が考えるべきことは、もちろん第一には被災者と被災地がその被害から早急に回復することであるが、それだけに留まるのではなく、将来に向けての展望を持つこと、そして将来の課題への準備をすることである。被災経験からすれば、そこには、次にどのような被害があるとしてもその被災の程度を極力軽くすることが大きな論点となるはずである。

もちろん、予想できない事態が次々に起こることは考えられるし、完全な防災などあり得ないことは大方の共通の理解となっているが、そのなかで災害対策に向けては減災の可能性を高めること、そしてリスク管理という観点で言えばリスク要因を減らすことを考えることが重要となる。そうした視点からすると、従来のような防災インフラの技術だけに頼るのではなく、地域をトータルに被災に強い地域にすることを考える、そうした場として議会が持つ役割が大きいのではないだろうか。

とりわけ東日本大震災と津波の被害の程度が大きかった東北太平洋岸の地域は、以前から、人口減少、高齢化、地域経済の停滞など社会経済的な諸困難に直面していた。東日本大震災はこうした困難をさらに加速することになっていった。震災復興は、いわば、従来の問題を解決することに加えて、大震災と津波の被害からの回復を果たすことによって、地域課題を解決していくことを意味しているのである。震災や津波の被害は特別かもしれないが、その復旧や回復の本質は、単なる震災復興ではなく、地域社会を復興させ持続可能性を開くことにあるのであり、議会はこうした問題に実は無差別に継続して取り組まなければならないのである。

災害や危機は、もちろん、地震被害だけにとどまらない。自然災害もあれば人為的な事故や災害もあるし、新たな感染症の大流行、社会経済システムや政治行政システムの機能不全から生まれる災厄、またテロや戦争も含めて考えなければならない。とはいえ、議会に向けてこうした問題に技術的に対応することを求めているわけではない。むしろ、復興から回復力のある地域社会づくりへ、そして地域の持続可能性を高めるという観点から、議会の出番は非常に多いのではないかという問題提起をしようというのである。地域の住民生活に必須の様々な条件が危機にさらされることがこの災害で明らかになった。むしろその経験を議会が生かして、活躍の場を広げて、これからの地域づくりを主導していくことは当然の務めであろう。

東日本大震災からのこの10年間で、復旧から復興へと確かに局面は大きく変わったし、政策優先順位も変化しつつある。その中で復興段階になるとますます行政ベースに変わっていきやすく、既定路線をどう進めるのかという議論になりやすいという現状を、どのように打破していくかが、議会と議員には問われているのである。

参考文献

池上洋通，中村八郎，(2011)多摩住民自治研究所『大震災復興へのみちすじ―防災政策の新段階と地方自治体の政策活動』自治体研究社

塩崎賢明 (2014)『復興〈災害〉――阪神・淡路大震災と東日本大震災』岩波書店

5－3　復興計画のガバナンス
：東松島市の取り組みから

5－3－1　東松島市の被災と復興

東松島市は、宮城県沿岸部にあって石巻市に南接している人口4万人余りの都市であり、全国的にその地名が注目を浴びることは少なかったかもしれないが、他の被災地と同じくこの土地特有の事情もあって死者行方不明者1100人という甚大な被害をこうむった地域である。筆者は東松島市復興まちづくり計画の有識者検討委員会委員長を務めた経緯があり、この計画過程のなかにおいて、今後の復興に向けての課題を明らかにするとともに、直接被災の有無は別にして地方自治について何を学ぶべきなのかを考えてみたい。

市町村の復興計画が重要なのは、住民に最も身近な政府として、復興にあたる責務を負っているという点である。その一方では、仙台市など一部を除けば、多くの被災自治体は過疎や経済停滞に悩む小規模自治体が多く、その復興活動には多くの制約がある。国や県による復興に向けての予算や事業、また規制緩和を含めた法制措置があるとしても、総じて財源不足や権限不足、そして国や県あるいは民間事業者の復興事業だよりのところも多くみられる。また、各地方自治体の事情の違いも大きく、従来の画一的な地方自治の制度的対応では、復興が進まない場面も見られる。

復興には、結局のところ、国・県・市町村の行政が一定の役割を果たすとしても、それがすべてを担うことはできない。また、民間企業や市場は、復興に向けて旺盛な市場活動を展開し、同時に社会的責任を果たすべく努力をしているが、それらの活動も、被災地住民の日常生活レベルでの支援には結びつかない場面も多い。民間部門の中でもいわゆる非営利部門は、ボランティア活動やNPO・NGO活動として、災害直後の救援や復旧・復興に大きく貢献しているが、同時にそれは被災住民のすべてにバランスよく届くわけではない。

本稿では以上のような問題意識に基づき、東松島市の復興まちづくり計画のガバナンスを検証し、被災の有無にかかわらず、これからの地方自治体に求められるガバナンスの姿を明らかにしてみたい。復興計画は、震災と津波によって根こそぎにされた地域社会をどのように再生するのかという課題を持つが、その成否はこの計画のガバナンスにかかっているということができるし、このことは、一般的に住民の安心・安全確保を求められる地方自治体にとって今後のガバナンスのあり方を考える上でも参考になる点が多いのではないだろうか。

5－3－2　復興まちづくり計画の策定

東松島市の復興まちづくり基本計画は、2011年12月に策定を終えた。その表題には、復興に向けて、「あの日を忘れず　ともに未来へ　～東松島一心～」という副題が掲げられている。被災自治体はどこも同じような覚悟をもって復興への歩みを始めている。東松島市では、この計画は復興まちづくりの最も基本となる計画であり、総合計画後期基本計画を兼ね、個別計画の上位に位置づけられている。

計画期間は10年計画であり、前半5年間を復旧・復興期として、生活再建と各種基盤整備に取り組み、後半5年間については、発展期として、活力と魅力あるまちづくりに向けて本格的取り組みを考えている。計画の目標や構成は、他市町村の復興計画と大きな違いはないが、ここでは、「災害に強く安全なまち」「安心して笑顔で暮らせるまち」「産業を育て働く場をつくるまち」を将来像とし、「防災・減災による災害に強いまちづくり」「支え合って安心して暮らせるまちづくり」「生業の再生と多様な仕事を創るまちづくり」「持続可能な地域経済・産業を創るまちづくり」を基本方針としている。分野別の取り組みや地区別土地利用計画をそれぞれ定めているが、東松島市の特徴は、復興まちづくりを牽引するリーディングプロジェクトを定めているところにある。

リーディングプロジェクトのうち、緊急性・重要性が高いものを重点プロジェクトとし、持続的に発展する新たなまちをつくる施策を「いっしん（一新、一心、一進）プロジェクト」として提示している。前者には、「歩いて暮らせるまちづくり」と「まちなか住宅づくり」があり、後者には、「分散型地域エネルギー自立都市の整備」、「コミュニティの再生と地域防災力の強化」がある。いずれも多面的総合的に地域の再生と持続可能性の追求をしているところに特徴がある。

５－３－３　市民参加の計画過程

東松島市の計画策定過程のもう一つの特徴は、他の団体に比べて時間をかけることになったが、市民参加による計画づくりを目指した点である。重層的な市民参加には、従来から育成を進めていた８地区にある自治協議会単位におけるまちづくり地区懇談会開催、旧集落の説明会・懇談会、被災した行政区など単位自治組織ごとの懇談、そのほか、中学生によるまちづくり提案ワークショップ開催や市民アンケート調査等が行われている。また、議会については、全員協議会での説明や報告などを重ね、議論の節目では議会からの意見聴取を行いながら、計画策定を進めていた。

こうした市民参加に加えて、後の市民活動の活性化のためには、その基盤となる積極的に社会活動を進める市民やその団体・グループを力づけし、その力量を向上させていくことが課題となるため、まずは中越地震の復興の例に倣って、地域コミュニティ再生のために地域に寄り添いその関係性の修復やまちづくり活動を支援する「復興まちづくり推進員」をモデル的に導入し、これを全市に広めようとした。モデル活動として４名の推進員が東松島市で活躍し、現地でのニーズ把握や被災住民の活動支援、仮設コミュニティづくりなどへの対応を行った。

復興計画策定において市民意向を丁寧に把握することは他の団体でも行われているが、これによって手戻りの少ない復興計画が期待できるし、計画策定後も市民参加を定着させることになると期待できる。復興計画実施段階においては、実際に利害対立が先鋭化する場面も考えられるが、基本的な方向についての合意は、議論の基盤をつくり解決法を探る助けになっている。加えて、復興計画それ自体に地域コミュニティ活動の再生、市民活動の活発化や市民参加の促進策を組み込んでおくことによって、市民的基盤と協働社会への展望が広がる。こうした市民参加型のガバナンスは、現時点では民間企業あるいは事業者の参加が少ないという側面はあるが、将来にわたって、市民と行政との協働を育む基盤をつくりだそうとしたともいえる。

5－3－4　復興ガバナンスの政府間関係

政府は、「東日本大震災からの復興の基本方針」を2011年7月（8月改定）に決定した。そこでは、今後5年間を集中復興期間として19兆円の国地方の財政支出を、さらに今後10年間の復興期間において合計23兆円の公費支出を見込むとしていた。その財源手当て論議は置くとしても、3次にわたる補正予算を編成し、関連法令としては、東日本大震災復興基本法（2011年6月27日成立）、東日本大震災復興特別区域法（2011年12月7日成立）、復興庁設置法（2011年12月9日成立）をそれぞれ制定してきた。これを受けて、宮城県においても復興計画が2011年10月に策定され、地域別の復興事業の計画も策定されている。

復興計画のガバナンスを考える第一の視点は、これら国や県の動向の中にある。すなわち、復興計画の内容に関する政府間ガバナンスの問題であり、同時に地方分権改革にかかわる問題である。計画策定過程でまず問題になったのは、基幹的な道路網や鉄道の復旧、防潮堤、河川堤防などの整備が必要であったが、これらは市町村の権限外の基盤施設の復旧整備であった。とはいえ、これがなければ計画は機能しないことから、妥当かどうかの検討も不十分なままにその想定を前提に計画化をしなければならなかった。

同様のことは、都市計画や土地利用についてもあてはまり、規制や規制緩和の権限がないままに、現実には集団移転構想を進めざるを得ないことになる。加えて、これ等の事業や権限問題が一定解決できたとしても、小規模市町村が多い被災自治体においては、財源問題が大きな制約になっており、従来の地方財政調整制度や補助金スキームを使うことになるが、移転跡地の買い取り問題なども含めて、これまでの方法では緊急の課題に応えることも困難となる。

これらは従来の政府間ガバナンスの転換が求められていることを意味している。端的に言えば、現場の市町村による国や県の事業計画や権限の上書き、予算の上書きができること、そして国・県はその総合調整を行う役割に徹するという点である。国の構想も県の行政計画も、地域の切実なニーズに対してきめ細かく的確に対応できる状況にはなく、むしろ政治争点化した問題に主たる関心を寄せやすい。被災市町村の復興計画に現れた政策方針やその従来路線からの転換においては、結局のところ、自主性、自発性の発揮ができることが前提となるが、それが可能な環境にしていかなければ、復興に結び付いていかない。そのことは初期の救援や復旧に際して、財源も権限もない地方自治体が、先行的に動いてしまえば、不十分ながらも「金も権限もついてくる」という現象に端的に表れる。

5－3－5　復興計画における自治体ガバナンスと議会

東日本大震災の発生から10年になるが、この間、復旧・復興に取り組んできた被災地では、それぞれの復興計画を策定し、その実施を進めてきた。そうした状況下において、改めて、震災後の日本社会において、被災の有無にかかわらず各自治体がどのように復興と安心安全の問題に立ち向かうべきか、復興計画に見られたガバナンスとその変化をもとに考えてみたい。

市町村の復興計画ガバナンスそれ自体の問題とは計画策定及び実施過程におけるガバナンス状況を用意できたか、また今後、用意できるかという問題である。すなわち復興に必要とされる計画内容を、適切に計画に組み込むことができたかどうか、そしてその計画を実施過程において実現できるかどうかが問題になる。つまり機能するガバナンスの用意が問われているのである。

この点で最大の問題は、地方自治体の議会と議員の位置づけである。残念ながら被災とその直後には、議会と議員の活躍の場面はあまりなかった。市民参加プロセスにかかわって、利益代表的に要求・要望を提示することに留まっていることもあった。議会が主導的に住民参加を促し、復旧・復興に向けて地域全体の利益を代表しつつ、個別利益を調整し、合意を調達するといった姿は、個々の議員活動は別として、あまり見られなかった。

しかしながら復興が本格化して、日常的な議会活動が回復してくると、復興計画やその実施に関する諸問題が改めて議会でも俎上に上ることになる。こうした事態に率先して取り組んだ議会の中には、気仙沼市議会のように復興計画を議会の議決事件とするところも出てきたのである。震災復興の自治体ガバナンスを制度的に支える装置の一つが議決事件の追加による議会の公式の参加といえる。

5－3－6　復興における議会の役割

市町村が住民やその他の利害関係者を含めた幅広い参加を得ながら復興計画を策定することは、単なる市民参加のためではなく、復興計画が総合計画と同様にもはや行政計画というよりも市民の活動をも含めた計画になっているからであるし、そうでなければ計画実施に際して市民の協力も得にくい。住民代表機関としての議会がそのガバナンスを支える重要な位置を占めることは当然であったが、そうした動きは部分的な利益表出に留まることも多く、市民参加のガバナンスを支える機能を十分に果たしたとまでは言えない。

加えて、復興計画を実現しようとするとき、被災自治体行政は、その人材や施設にも直接被害を受けており、復興を巡っては当初からすでにその限界にあり、手一杯であって、新たに対応できる状況にはない。被災自治体議会も被災住民も同様であるし、被災企業や事業者も同様である。だとすれば、市民、事業者、議会、行政のそれぞれを補完しエンパワメント（力づけ）を実現しつつ、相互の協働を実現する手法が必要となる。

被災地市町村の復興計画であれ、直接被災していないところの危機管理計画であれ、その計画ガバナンスは、策定と実施のプロセスにおいて多元的な参加と協働を実現しなければならないし、策定と実施の体制は庁内と庁外の連携と協力、専門性と市民性を共に組み込むことができること、リーダーシップの発揮と民主主義的な討議を実現することが機能要件となる。具体的に言えば、被災地においては、罹災した政治と行政、住民や事業者、例えば農業者や漁業者が、どのようにしてこのガバナンスにかかわることができるのか。復興のガバナンスへの市民参加を促進するのは市民自身の中間支援的な活動の役割であり、そのガバナンスを機能させ調整するのが議会の役割である。

また、彼ら彼女らは、公務員として、市民として、あるいは事業者としての再生を果たしながら、地域再生にかかわることになるのであり、その負担は二重三重のものとなる。その負担を分散・分任せしめ機能させるとともに、担い手のエンパワメントを進めるのも議会と中間支援活動市民団体の役割である。加えて、そのエンパワメントのためには異なるセクターからの多数の担い手が、例えば、被害の少なかった市町村からの政治や行政の広域協力や、企業の社会貢献、NPO・NGOの活発化などのように、従来の活躍の場を超えて関わっていくことが重要となる。

参考文献

風見正三, 佐々木秀之（編集）(2018)『復興から学ぶ市民参加型のまちづくり―中間支援とネットワーキング―』創成社

風見正三, 佐々木秀之（編集）(2020)『復興から学ぶ市民参加型のまちづくりII―ソーシャルビジネスと地域コミュニティ―』創成社

自治体学会東北YP（2012)『七ヶ浜町（宮城県）で考える「震災復興計画」と住民自治（地方自治ジャーナルブックレット)』

5－4　非常事態と復旧・復興に向けた議会・議員のあり方

5－4－1　災害の中の地方自治体議会

東日本大震災からのこの10年間で、その復旧・復興に関していえば、基幹的な社会基盤の復旧が大きく進んでいるのに対して、復興の基本目標である被災者と被災地の復旧・復興が進んでいない状況が顕在化してきている。もちろん、福島第1原子力発電所事故の影響下にある地域ではそもそもの復旧すらままならないし、極めて広い範囲で被災した太平洋岸の各地でも身近な道路交通網や港湾施設、市街や住宅などの基盤施設はほぼ完成してきているが、生活や生業という面ではまだまだこれからというところである。加えて、これら施設はそこに暮らす人々があって初めて意味があるが、整備された地域に住民が少ないという現状があり、人々の暮らしの再建への見通しが立たないままに、それぞれの地域がなお忍耐と努力を強いられている状況もある。

そうした復旧・復興の現状の中で、地方議会の側から見たとき、いくつかの教訓が明らかであった。一つには、議会や議員自身も被災したことにより、議会自身の災害対応がこれまで想定されてこなかったことへの反省であった。災害対策に議会としてのアクションが必要だという認識は広がった。二つには、災害に対応しようとすると、議会のアクションには、制度上も運営上も多くの課題や制約があることが分かった。そこで、議会としての防災・救援・復旧・復興体制のあり方の検討が喫緊の課題となった。三つには、災害復旧・復興における議会役割については、今回のような大災害になると根本からの地域の作り直しが求められることもあって、従来以上に積極的に関与していく必要があるし、その方途について模索をしていかなければならないことが明らかになった。

これらの教訓が意味しているのは、いずれも実は、災害に関して議会の責任と役割は何であるのかという問いかけである。これまでは執行当局側の防災対策に注目することでその役割を終わらせてきた議会が、防災や復旧・復興に大変敏感になっている地域社会の要請に応えて、議会として防災問題、復旧・復興問題を今一度考え直す必要に迫られているということでもある。そしてそれは、東日本大震災の被災後10年を経てもなお、模索され続ける必要がある問題でもある。

5－4－2　被災時の議会の非常時対応とその課題

地方自治体の議会は、災害対応において、主体的な役割を果たすわけではない。あくまで議決機関としての役割が基本であり、その範囲で、災害に対応することが基本である。とはいえ、その議決機関としての役割も災害時には心もとない事態になる。

とりわけ、東日本大震災のような大災害に際しては、議員や事務局職員その他関係者等の人の被害や議場・庁舎など施設の被災によって、議会機能そのものの物理的停止に追い込まれたところもあった。議場の確保、定足数に足る議員の出席など議会を開会できる条件を整えることも課題であった。

加えて、東日本大震災が3月議会の時期であったことから、震災直後の会議では、新年度予算をはじめとする重要案件の議決が目白押しのところもあった。緊急に議決をして閉会することとなったところもあり、議会の役割が十分に果たせたのか、議論が残るところでもある。

基本的には議会を開いておくことができなければ議会の権能を果たすことはできない。議会制度上、議会が自主的に開かれることや、一年中いつでも審議できる体制にしておくには、一定の制約がある。議会の招集についていえば、2012年の地方自治法改正があり、議長にも招集権が付与されたが、まず長に臨時議会の招集請求をした上で、初めて議長による招集が認められる。同じく2012年改正で定められた通年議会制度であるが、これも条例で規定することによって、初めて通年議会とすることができる。

ともあれ、議会としての本来機能を果たしていくためには、被災直後から、災害対策調査のための組織を設けて情報を収集するとともに、現地調査や専門的知見を集める努力をしなければならない。特別委員会を設置して地域の被害を把握することや、他の行政機関からの情報を収集すること、有識者等からの外部の知見を得ること、何よりも議会事務局の復旧とその情報収集機能の回復を急がなければならない。

この間にも、執行機関側では災害対策本部の設置など、対応が進むことになる。その中では迅速な災害対策ということで、議決事件については大量の専決処分がなされることになるし、議会への報告は後回しになりやすい。そこで、議会や議員が公式のメンバーになっていない災害対策本部にも、積極的に臨席して執行機関からの情報収集に努めるとともに、できるだけ早い段階で、執行機関による議会への説明機会を確保していくことが必要となる。

なお、注意しなければならないのは、議員やその関係者、議会事務局職員やその家族なども被災者となりうるという点である。まずはそれぞれの被災の程度を減らす減災の発想で、非常時の自助つまりは自己の安全を守るという観点での避難行動を徹底することが優先されなければならない。議員といえども自らの安全を確保することが基本であり、その後において被災者のために行う非常時救援活動やボランティア活動の展開があり、そしてようやく議員として被災住民の要望を聞き、それを行政に届けて、被災住民と行政との間を取り結ぶことなどができるようになる。特に、議員としての働き方としては、情報不足の住民に被災状況や救援・復旧関連情報を伝えること、避難所などではきめ細かく住民のニーズを把握し政策的な対応を検討する、また救援が行きわたるまでの間は地域においてリーダー役となることなどが求められている。

5－4－3　災害復旧期における議会の役割

被災直後の非常時対応と救援活動に一定の目途がついてくると、災害復旧・復興にむけて、議会の活動も変化し始める。東日本大震災でいえば、電気、ガス、水道、道路、などのライフラインは、震災直後から徐々に復旧を始め、ほぼ1か月で、ある程度復旧をすることができた。救援活動も被災後1週間程度でほぼ軌道に乗り始めた。もちろん、地域ごとに事情は異なり、その混乱はもちろん数か月続くところもあるが、同時に、この間に復旧に向けて、国、地方自治体、民間事業者等の本格的な検討が始まることになる。

震災後１か月ほどの間に、地方自治体としての業務は、非常時対応業務から緊急度の高い優先的業務に、徐々に移行することになる。この間の避難所の設置運営やインフラ整備など初期の復旧業務が、後において復興の進捗を左右することもある。とはいえ、地方自治体では、住民の心身の健康保持が第一の目標となり、そのための環境整備を積極的に進めざるを得ない。そのために、他の団体からの応援を受けながら住民の生活支援を進めるとともに、復興事業全体の多くの業務を一度に短期間のうちに処理しなければならない。

そうした対応は、長がトップとなる災害対策本部がかじ取り役となるはずであるが、現実には、それぞれの部門ごとに判断して独自に進めざるを得ず、総合調整が適切に機能するのは難しい。行政が混乱しているその際には議会の役割も増大していくはずである。議会の権限が行使されることになり、形式的には、補正を含めた予算編成、条例の制定改廃、重要な計画特に復興計画の議決、そしてその他の調査、検査検閲等の監視の機能発揮が行われるはずである。

しかし現実には、この段階で大量の専決が行われ、補正予算や条例改正が重ねられ、議会は招集のいとまがないとされて、当該地方自治体の行政による復旧策が進められることになる。実際問題、この段階では、同じく被災している議会が能動的かつ的確に動くことは困難が伴う場合もあることから、むしろ議会の監視機能を果たしていくこと、とりわけ専決に対する承認に際して厳格に取り組むことが肝要となる。

なお、2012年地方自治法改正によって、専決処分の不承認にも法的効果が与えられ、長は必要と認めるとき対応策をとって議会に報告する義務が発生することになった。翻ってこれまでとは違って、専決処分の扱いは議会にとっても責任のある極めて重要な審議事項となる。

5－4－4　復興計画の策定と実施にかかわる議会

さて、復旧から復興段階になると、復興のための将来構想や基本方針が策定され、それに基づいて、様々な行政計画が策定され、実施されていくことになる。東日本大震災では、およそ220以上の市町村が、復興まちづくり計画を策定して、その復興にあたることになった。とはいえ、そこへの議会の参加はまちまちであり、あらためて、復旧・復興にかかわる行政計画と議会との関係整理が問題になってくる。

一般的には、議会と復興計画との関係は薄いところが多い。というのも、基本は、行政計画として震災復興計画の策定が行われるからである。行政による復興まちづくりの計画策定にあたっては、その策定方針や基本構想・基本計画について、市町村住民の意向に基づいて策定されるというのが行政側の基本的なスタンスであり、住民参加による策定手法が必ず取られている。議会に対しても、その意見を求めることはあるが、行政側からすれば議会は計画策定の担い手であるとは考えられていないし、議会自身も計画策定主体ではないという立場をとる。確かに、復興計画の策定段階において、議会の全員協議会や常任委員会での説明が行われることはあるが、それは行政計画に関する従来の議会説明と同様である。

こうしてみると、議会と復旧・復興の関係について、特にその基本的な計画に関していえば、今後の課題の第1は、復興まちづくり計画を議会の議決事件にして、議会も関わって責任を分担する計画にしていくことであろう。今後の課題の第2は、その際に、議会側の主体的な計画行動が期待されるという点である。議会も復興基本構想や基本計画づくりの計画主体の責任を果たすべく、策定過程において、議会による復興計画の対案づくりや議会による提案があってもよいし、そのために、議会独自の住民参加と住民協働による対案策定が行われてもよいのである。住民参加・住民協働による復興計画の議会提案は、従来の復興計画の形式や内容を乗り越えて、新しいまちづくりの方向付けをすることになる可能性を秘めている。

実際に復興計画を議会の議決事件としてその議決をしてきたところには、岩手県陸前高田市や宮城県気仙沼市などいくつかの地方自治体がある。こうした議決をすること自体がまずは出発点として重要であることは言うまでもないが、復興計画の議会審議体制の準備をはじめとして、議決に至る審議の体制が整っていなければ、その意義は半減してしまう。計画の内容について十分な議論ができたかどうか、適切な内容だと判断する根拠を明らかにすることが、議会の側にも求められる。

議決をした後の計画の実現はさらに重要である。議会の権能でいえば、監視とそれに基づく政策の修正権限の発揮である。復興計画を議会の議決事件にすることは、議会としてもその実施管理と監視に、より大きな責任を負うことを意味している。行政による実施状況の公式の議会への報告の要求、また実施状況に関する住民報告会（議会報告会）の開催などが、議会の側でも実施されていく必要がある。

５－４－５　復旧・復興と議会の責任

東日本大震災をはじめとする震災における救援、復旧、復興の課題は多面的で、地域社会の全方位の問題にかかわることになった。非常災害時の救援にあたって、救助活動の組織体制を整えておくこと、その後は避難所や仮設住宅の整備、そして救援から復旧に移行する時期には、ライフラインの確保や、生命維持や心の健康にかかわる各種の保健、医療、福祉サービスの提供が必須となる。復旧から復興の段階では、生活再建支援、住居（復興住宅）、雇用・産業復興（雇用の確保、産業基盤整備、経営支援)、社会生活サービス復興（福祉、保健、医療、教育、余暇、コミュニティ)など、被災者と被災地のすべてにかかわる生活上の地域課題が、段階的にではあっても解決されていかなければならない。

こうした課題は実は、地方自治体の二つの住民代表機関が、これまでもその基本的な課題として取り組んできたところである。議会の復旧・復興への関与は、住民代表機関の責務として当然のことでもある。その責任は、通常、予算審議、条例審議、計画審議などを通じて、また議会による行政の監視と必要に応じた是正措置とによって果たされるが、大災害時には、その役割や責任は自から異なってくる。議会は独立した議決機関として、従来以上に政策機能や監視機能を徹底して果たしていかなければならなくなるのである。

別の言い方をすれば、行政は、従来のような議会対応が難しくなるとともに、復旧・復興の業務に忙殺されることになる。その時、地方自治体全体の方向を考え、住民生活にきめ細かく対応しつつ、しかも大局的に判断していくことが求められることになる。従来のような口利きや要望への対応を行政に求めることは難しく、むしろ政策的な観点から行政の方向付けをしていくことが議会には求められることになる。行政もそうであるが、議会の責任は、平時と非常時では異なっていなければならないのである。

被災時の議会は、その議会責任を果たしていくために、機能停止を乗り越えて、救援・復旧・復興の対策を検討しなければならない。そのためには、災害にあってもその被害を最小限度にする減災対策、そして被災を乗り越えて議会が活動を継続できる防災体制を持っていなければならない。議会の防災計画やいわゆる危機管理（リスク・マネジメント)が課題となるし、それは議会の議員についても同様である。地方自治体では、徐々に、業務継続計画（Business Continuity Plan＝ＢＣＰ)の策定が進んでいるが、議会としてもそうした観点からの業務の継続性を確保するべく準備をしておかなければならない。

ところで議会の課題は、行政や住民との関係だけにあるのではない。東日本大震災ほどの大災害になると、市町村であれば県や国と、県であれば市町村や国との間で調整をしつつ、復旧・復興を進めて行かなければならない。また民間事業者やボランティア団体などを含めて他の機関との連携協力も必要になってくる。復興事業が進むかどうかも国の方針や予算、また民間事業者の投資や事業活動に左右されることは言うまでもない。それらへの働きかけは地方自治体議会にとっても重要な課題となる。大災害に直面して、行政が直接の救援・復旧・復興を担って最前線で活躍しているとすれば、その時の議会の役割は、住民代表機関として、危機に際して救援・復旧・復興のガバナンス（地域を治める仕組み）を再構築する役割を担うことであると言い換えてもよい。

参考文献

五百旗頭真（監修），大西裕（編集）（2017）『災害に立ち向かう自治体間連携：東日本大震災にみる協力的ガバナンスの実態（検証・防災と復興）』ミネルヴァ書房

小原 隆治、稲継裕昭（編集）（2015）『大震災に学ぶ社会科学 第2巻 震災後の自治体ガバナンス』東洋経済新報社

中邨章，市川宏雄他（2015）『危機管理学－社会運営とガバナンスのこれから－』第一法規

コラム　災害時の契約と議会の監視機能

2014年4月7日付の河北新報社説によれば、東日本大震災の復興を巡って、改めて議会の役割が問われているという。土木建設工事や製造の契約以外は、通例、高額の契約などなかったのであるが、復興にかかわるソフト事業では、工事であれば議会の議決を必要とするような契約が、議会の議決を経ないで締結される例が増えているという。石巻市の例が示されていたが、そうした契約の数が、2010年には1件だけであったものが、11年には25件、12年には11件、13年には30件に上るという。

地方自治法と政令及び条例に基づいて、契約の議会承認が必要とされる契約は、一定のものに限定される。その契約は、工事・製造の請負契約のうち、政令で定める基準額以上で条例で定める額以上の契約の締結とされている。工事の請負契約などハードの契約が中心で、ソフト事業はそもそも対象として考えられてなかったし、高額に上るなどということも想定外であった。この社説でも議会の監視機能の重要性を強調しているが、単に監視機能の発揮というだけでは不十分であり、その監視権限を具体的に保障すること、そのための権限を議会が持つこと、そしてその権限を行使することが重要である。対応の仕方としては、やはり議会の議決権限を拡充していく方向を考えるべきであろう。

災害からの救援、復旧や復興にはスピードが大切だという議論はよくされる。確かに、人命救助のような場面で、議会に諮ってなどというのでは、当然間に合わない。ところが、その一方では、復興建設事業や復興関係の計画などソフト事業などになると、当該事業それ自体を緊急に進める必要があるが、同時に、その影響下にあり利害関係を持った住民がたくさんいるし、拙速に進めれば、むしろ手戻りが多くなり、住民の満足度も低くなることは容易に想定できる。

　こうした状況を考えるなら、議会の監視権限を強化するという観点から、議決を得るべき契約の範囲を広げすべての契約とすること、そして議決に係る条件となる一定の金額についてはこれを引き下げることが、検討されてよい。議会の監視機能の発揮や強化は、復興の足を引っ張ることになりかねないという意見もあろうが、復興が進むにつれて顕在化する民主主義の赤字の増大を考えるなら、少なくとも議会審議が及ぶ範囲を広げて、住民代表機関としての役割を果たしていくべきこと、そのための民主主義のコストをかける値打ちがあることも強調できるのではないか。

（新川達郎）

第6章
危機状況から考える法制度改革
:オンライン議会の可能性

６－１　危機状況での議会改革をめぐる２つの「気づき」

議会改革は、大きく進展してきた。いわば「形式的な改革」から「実質的な改革」が目指されるようになった。住民福祉の向上につなげる議会改革の第2ステージに突入する議会も増加している。まさに、こうした改革の充実が模索されている時期に、新型コロナウイルスによる社会・経済・政治の危機が世界を覆った。

この状況下で、議会をめぐって少なくとも二つの「気づき」があった。一つは、議会の対応が「二極化」したことである。議会改革の到達点に基づき、首長等に対して地域状況を踏まえた政策提言を行った議会があった。他方、新たな状況に右往左往したあげく、傍聴や一般質問の中止を打ち出した議会もあった。議員報酬・期末手当削減は一概に否定はしないが、何もできない議会が「やっている感」を出すためだけに実施しているのであれば、それは議会の存在意義を貶める自殺行為だ。この時期、従来の議会改革を再度振り返る必要があることの「気づき」である。

もう一つの「気づき」は、これまで議会改革は大きく発展してきたが、あくまで平時（通常状況）を前提としていたということである。今後は危機状況における議会のあり方を模索する必要がある。これは、現行制度の下での議会ＢＣＰ（業務継続計画）の策定・改訂だけを意味しない。現在の議会改革が前提としている法体系そのものを見直すことも含めている。つまり議会改革のさらなる充実のための現行法制度改革の必要性があるという「気づき」である。もちろん、現行法体系を駆使して危機状況下での議会の役割を発揮することも重要である。

大変な事態ではあるが、議会改革を振り返りさらに進めるための機会である。なお、前者の「気づき」については、本著全体で指摘している（第2章）[(1)]。そこで、後者の法制度改革の「気づき」を中心に議論する[(2)]。

６－２　法改正を考える視点

危機状況においてあぶりだされた議会・議員をめぐる現行法体系を問うのが本章の目的である(3)。しかし、ここでは危機状況下における例外的な措置を中心に検討する。もちろん、通常状況での現行法体系の課題を考える必要はあるが、ここでは限定した。

表６－１　危機状況に議会を作動させる法律改正テーマ

	ウェブ議会	定足数	選挙日程
①二元制＝議会と首長等との政策競争	◎	◎	△
②住民と歩む議会	◎	—	○
③議員間討議の重視	◎	—	—

注１：ウェブ議会、定足数は自治法改正、選挙日程は公職選挙法改正である。
注２：◎は危機状況、通常状況どちらでも活用できる、○は危機状況においてのみ作動する、△は充実させる可能性がある。
注３：ウェブ議会については、委員会等での活用を含めて議論する。なお、ウェブ議会では、議員はもとより、住民の中でもWi-Fi環境、PC等の活用などを前提としている。活用できない場合には、代替措置が必要になる。

地方自治及び地方議会には、国政と比較して３つの特徴（①二元制＝議会と首長等との政策競争、②住民と歩む議会、③議員間討議の重視）がある。危機状況においてこれらの特徴を作動させるための法改正を模索したい。少なくとも、危機状況によってあぶりだされた法改正の課題として、ウェブ議会（オンライン議会、テレビ議会等さまざまな用語があるが、本章では「ウェブ議会」と称する）の開催、定足数、選挙日程の変更を想定している（**表6－1**参照）。そこで、こうした法改正の課題と地方自治の特徴の充実の可能性をまず考えたい。「ウェブ議会」は、ウェブによる委員会開催だけではなく本会議開催、「定足数」は審議定足数と議決定足数の分離、「選挙日程」では条例に基づいて危機状況に限定したうえでの日程変更をとりあえず想定している（詳細は後述）。

①　二元制＝議会と首長等の政策競争

議員も首長も、住民が直接選挙する。全体としての議会は、首長をはじめ執行機関と政策競争をする1つの機関であることを再確認することが必要である。地方分権改革により首長の役割は大きく変化した。それと同様に、議会の役割も大きく変わった。ウェブ議会、定足数の変更は、首長による専決処分の連発を防ぐ。また、ウェブ議会は住民との距離を狭め、議員間討議を重視することが首長等との政策競争を充実させる。危機状況下における選挙日程変更は、政策競争を容易にし、そのことが首長等との政策競争を充実させる。

②　住民と歩む議会

地方議会は一院制である。それは住民が議会を監視、そして議会に参加するからである。そのために、地方自治には様々な直接民主制度が挿入されている。今日脚光を浴びている住民投票も条例に基づいて行うことができる。ウェブ議会の作動は、住民との双方向の意見交換の可能性を広げる。また、選挙日程の変更の可能性は、危機状況での住民と議員候補者との連携を強化する手法の二つである。

③　議員間討議、そして住民・議員・首長間討議を重視する地方議会

第1の特徴ゆえに（二元制）、議会は首長とは異なるもう1つの機関として登場しなければならない。そのためには議員による討議空間が必要である。国会のように、内閣に対しては与党からの賛同、野党からの批判に終始するという場で

は全くない。地方議会においては、質問・質疑の場だけでなく、議員間討議が重要であると指摘されるのは、この文脈で理解できる。同時に、第２の特徴（住民と歩む議会）からも、その討議空間は、議会だけではなく、住民の提言を踏まえたもの、さらには住民、議員、首長等との討議空間となることも想定される。議員だけの討議空間から、首長等・住民も討議に参加するフォーラムとしての議会の登場である。首長等への反問権付与、請願・陳情の代表者による意見陳述の機会確保、委員会における傍聴者の発言機会の提供は、このフォーラムとしての原型の一つである。ウェブ議会は、執行機関を常駐させる議会運営を改める機会となるとともに、議員間討議や住民との意見交換会充実に活用できる。

ウェブ議会の活用にあたっては、このように地方自治の拡充を目的とすることが必要である。社会経済がオンラインに舵を切っているから直接的に政治でも、また地方議会でも活用すべきであるという議論は乱暴すぎる。地方自治の発展に活用できるかどうかが試金石となる。すでに指摘したように、少なくとも今後、３つの法改正は必要だと考えている（ウェブ議会（本会議でのウェブ活用は法改正が必要）、定足数、選挙日程の変更）。結論を先取りすれば、危機状況においては少なくとも、これらは地方自治の進展にとって必要だと思われる[(4)]。

6－3　ウェブ議会活用の視点と可能性

(1)暫定的な提案

ウェブ議会の活用及びそれを可能とする法制度を考えたい。筆者の立場（結論)を最初に明記しておこう。

①危機状況での活用

危機を冷静に判断することが肝要である。そのうえで、議場に定足数の人数が参集できない、あるいは定足数は満たしてもその残りの議員が参集できないといった場合には、ウェブ議会の開催を可能とすることが必要である。委員会等はもとより本会議開催をウェブで可能とすることは必要である。本会議をウェブで行うことは法改正を必要とする。

ただし、ウェブ議会開催が可能となっていても、ウェブ議会すらも開催できる状態ではないということも起こりうる（議員の多くが被害に遭う、致死率の高い感染症が急激に拡大する、など)。いたずらに危機をあおって、2020年第1回定例会（3月議会)のような「傍聴や一般質問の中止」といった冷静さを欠く判断をするべきではない。ウェブ議会も作動できないような「緊急事態」には、専決処分を作動させることになる。その条件を日ごろから確認しておく必要がある。なお、首長等をできるだけ応召しないことは言うまでもない。

②通常状況での活用

議会は、「公開と討議」の場である。危機状況においても、できるだけ議場（青空議会、出張議会を含めて）で開催することが前提である。とはいえ、条例や会議規則で設定されている会議（委員会等）でも、日ごろ行われる下準備等については、メールで行われることもあり、そのウェブ版としての活用はすぐにでも可能である。委員会等をウェブによって行うには、条例や会議規則に規定することになるが、その理由を示さなければならない。

なお、たとえば委員会等の定足数を満たし開議されていても、産休・育児・介護等で欠席している議員の意見を聞くためにウェブを活用することは可能である。本会議でも同様である。ただし、定足数に加えたり、表決権を与えることは、現行法でも委員会等での可能性を探ることはできるとしても、本会議では困難である。また、議員のなり手不足解消の観点からも、産休・育児・介護等で欠席する可能性の高い、特に若年層の議員を増加させるには、法改正も今後必要かもしれない。そういった提案を筆者は否定はしないし応援はするが、まずもって運用で行い、法改正としては危機状況におけるウェブ本会議の活用から始めるのが運動論として妥当だと考えている。広範な賛同を得て改正に至るには時間がかかるだろうという意味だけなので、可能だという議論に正当性があれば意見を変更する場合もある。

【現行法におけるウェブ議会の射程と法改正の課題】

■現行法解釈の視点

自治体による法令解釈権は尊重したい。「議会は、議会に関する日本国憲法、法律及び他の法令等の条項を解釈し、運用する場合においても、この条例に照らして判断しなければならない。」（北海道栗山町議会基本条例25②）といった条文が、議会基本条例に規定されることはまれではない。自主解釈権を大いに活用したい。

なお、地方自治法を想定しつつ「禁止されていないものは自由にやっていいのか」という問いに、総務省自治行政局行政課長は「具体的には、個別に考えなければいけませんけれども、一般論としてはそういうことになります。」（第29次地方制度調査会第11回専門小委員会）と答えている。総務省が解釈権を有しているわけではないが、本稿と同様の視点である。この解釈は新しい時代に即したものであり、大いに歓迎すべきである。国会も両院の規則があり、自立権は当然有している（多数派尊重の民主主義の制限）。地方議会も会議規則を設けているのは、同様である（条例制定改廃の直接請求の対象からは除外）。

ただし、自治法等による法律の縛りはある。ウェブ本会議は争点となるであろう。

■現行法ではウェブ本会議は困難

危機状況に限定したとしても、本会議をウェブで開催することは現行法とバッティングする可能性がある。ウェブ本会議を可能とするためには、法律にウェブ議会活用を明記、担保することが必要である（地方制度調査会答申等による規範解釈の変更も可能であるが、法改正が順当だと思われる）。

① 現行法下においてウェブ活用は、委員会等の可能性はあるが、本会議ではできない。委員会等は組織内会議であり、それぞれの議会に設置運用が委ねられている。本会議である。なお、総務省行政課長からの通知では、新型コロナという危機状況に限定して委員会等で可能としていた（後述）。少し広く解釈して、危機状況における委員会での活用からまず進めたい。

② 本会議は、現行法上、議場を前提にして設計されている（青空議会等は可能）。たとえば現行法の定足数（出席）（自治法113）、公開原則（自治法115）、表決（自治法116）はウェブ議会を想定していない。かりに出席、表決の場をクリアーしたとしても公開には問題がある。時代による規範の変更は、法律改正が順当である。

③ 表決の瑕疵が住民訴訟等で裁判になった場合（予算等の議会の議決は自治体の重要事項）、現時点ではウェブ議会で勝訴する保証はない（社会的価値の変更を促すのは、まずもって法律改正が必要である。とりわけ、総務省から「技術的な助言」であれ「通知」が出された中にあっても勝訴する保証は希薄である）。

(2)ウェブ議会を考える射程

次に通常状況での活用を検討する。テレワークやオンライン会議の広がりは、日本社会を大きく変えることになる。今回の危機状況の中で、急速にオンライン会議の実践が行われ、可能性が広がっているのはよいことである。ただし、議会においては、その特徴を踏まえた活用を「冷静に」考える必要がある。

なお、以下でいう「議場」は、ウェブを活用した仮想空間としての議場ではなく、議事堂を構成する議場（青空議会を含めて物理的空間を有する場）である。ウェブ議会を考えるうえでの射程を確認しておきたい。

①合議体という特性を生かした活用の可能性

トップダウンで物事を決めるのではなく、議決権限を行使する合議体を充実させるという観点からウェブ議会の活用を考える。合議体には、ウェブ議会が適合することをまず論証することが必要だろう。「公開と討議」を、その存在意義とする議会に、ウェブ議会の推進力として単なる「時代」といった抽象的なものを設定して納得するのではなく、住民自治を進める際にどのような活用が可能かを考える必要がある。

②通常状況と危機状況との活用

危機状況で本格的に議論の俎上にのぼってきたが、通常状況下でもウェブ議会は活用できると思われる。逆に、通常状況での活用が危機状況でも生きる。

③部分的活用と全面的活用

「部分的活用と全面的活用」の意味は、委員会等での活用と本会議での活用という意味ではなく、委員会においても産休・育休・介護休で欠席せざるを得ない議員の参加を促すことを想定している。日本の国会でも行われているような、定足数を確保しつつ別の場所から議会をウェブで確認しつつ、自分の質問や表決の際には議場に参集するということも想定できる。会議規則等の変更はなく、運用で可能である。それに対して、定足数を確保して委員会等を開催しつつ、別の場所からの委員の出席を可能とするには会議規則で規定する必要がある。とりわけ、平成の大合併で広域化した自治体において、公聴会や参考人制度の実施を、ウェブ議会を活用して行うことは日常的に進めたい。

(3) ウェブ議会の実践と制度化

新型コロナウイルス感染拡大を機に、議会はオンラインの活用をめぐってさまざまな議論を行い実践している。こうした実践の積み重ねが議会の新たな地平を創り出す。

茨城県取手市は、議会に設置する災害対策会議（感染症対策会議）をオンラインで行った（2020年5月9日より）。オンライン会議を行い、その成果である首長への提言書を作成するとともに、その回答についての議論も行っている。議長と議会事務局職員は議事堂、そのほかの委員は原則自宅からの参加となっている。オンラインを活用したこの会議の構成員である会派代表は、会派メンバーとの意見交換でオンラインを活用することもある。

対策会議だけではない。全議員を対象にしたオンライン会議の試行（4月10日）、6月定例会では、3密を避けるために市長提案理由説明および部課長による議案の詳細説明（6月2日）、三つの常任委員会委員会協議のオンラインの活用（6月11日）、など広がっている。

こうした積極的活用を制度化するために、取手市議会基本条例を改定している（5月7日）。

> **第22条**　議会は、議会活動を円滑かつ効率的に行うため、情報通信技術の積極的な活用を図るものとする。
>
> **2**　議会は、災害の発生、感染症のまん延等、やむを得ない理由により議事堂に参集することが困難なときは、その状況に応じた情報通信技術の積極的な活用を通じ、議会活動の継続を図るものとする。

また、実践を踏まえてオンラインの本会議活用についての意見書を、国会、首相、総務大臣等に提出した。

なお、会議規則と委員会条例が改定され、災害の発生、感染症のまん延等のやむを得ない理由がある場合に、委員がオンライン会議システムにより委員会の会議に出席することを認め、会議室に集まることなく、討論と表決を除く部分について出席委員として議事に参加できるようになった（9月4日）。

それよりはやく、委員会のオンライン活用のための委員会条例（12の2）、議会運営委員会条例（11,12）を一部改正したのは大阪府議会である（5月8日）。そこでは、「適切かつ効果的な委員会運営の観点から、大災害等の現実に一つの場所に参集することが困難な状況やワークライフバランスの観点から一律に委員会室に集合することが 不合理な状況等、議決機関として様々な状況下でも対応できるようオンライン委員会の開催を可能とする所要の改正」をした（提案理由）。ワークライフバランスでは、育児介護等のやむを得ない場合である。
新型コロナウイルス感染拡大にともなった委員会開催だけではない。災害時への対応、さらには、大阪府議会のように「ワークライフバランス」への対応と広がっている。総務省の通知の見解を大きく超えるものである。

(4) ウェブ議会の留意点

筆者は危機状況におけるウェブ本会議を可能とする法改正を提案している(5)。早稲田大学マニフェスト研究所は同様に法律改正の「意見書」提出運動を展開している（後掲資料参照）。また、全国都道府県議会議長会も同様な趣旨で法律改正要請を決議している。筆者の結論を再確認したい。

①議会内会議をウェブで実施することは会議規則等で規定すれば可能である。また、非公式・準公式な会議（打合せ）ならばまったく問題ない。ただし、ウェブ議会のメリットを示さなければならない。

②危機状況において本会議でもウェブ活用を可能とすることについては賛同する。ただし、現行自治法下では適法とは断言できない。意見書等により改正を促す。委員会等と同様、ウェブ本会議のメリットを示すことが必要である。

③部分的な活用は大いに賛同する。その場合、いくつかの活用の仕方が想定さ

れる。議場での定足数を満たしている場合で、議場に参集できずウェブを介してしか意見を述べることができない議員の意見を聞く際、これは休会中であれば問題ない。ただし、議事録には掲載されないので、掲載のルールを制度化する必要がある（それぞれの議会の会議規則等に明記）。議場での定足数を満たしていない場合、委員会等（本会議ではなく）ではウェブを活用することで成立させることはできる（条例・会議規則等の改正によって）。

【総務省自治行政局課長による「新型コロナウイルス感染症対策に係わる地方公共団体における議会の委員会の開催方法について」（2020年4月30日付）（後掲資料参照）の読み方】

「新型コロナウイルス感染症対策に係わる地方公共団体における議会の委員会の開催方法について」（2020年4月30日付）が総務省自治行政局行政課長名で通知された。委員会出席は不要不急にはあたらないこと、新型コロナウイルス感染拡大によって議員の参集が難しい場合に条例や会議規則等の改正によってオンラインによる開議は可能であること、また、本会議は自治法上不可であることも通知されている。基本的には同意する。

ただし、2つの留意点を確認したい。1つは、委員会でのウェブ議会の活用が可能であれば、それは今回の新型コロナウイルス感染症の危機状況だけではなく、通常状況でも可能である。通知では「新型コロナウイルス感染症対策のため」と限定している（報道でも「通知は新型コロナウイルスに限定した措置」ということ）。しかし、公開原則を踏まえつつ危機状況では可能とすることを会議規則等で規定することも可能だと思われる。

もう1つは、本会議でのウェブ活用の是非についてである。筆者は、自治体による法令の自主解釈権を尊重しているが、「神学論争」は避けたい。自治法113条、115条、116条を解釈するのに説得的な根拠がない、あるいは薄い場合、自主解釈権だけで地域経営を行うことは、危なすぎる（裁判の可能性（前述））。説得的な根拠を示したうえで、法律改正を目指すべきである。

　なお、複数の自治体から問い合わせがあったことで今回通知が出されたとのことである（『朝日新聞』2020年5月2日）。問い合わせもいいが、それぞれの議会、そして培ってきた議会間ネットワーク（議会事務局を含む）で考えることが必要である。危機状況において、総務省に「お伺い」する姿勢を問いたい。

＊その後、総務省より「新型コロナウイルス感染症対策に係る地方公共団体における議会の委員会の開催方法に関するＱ＆Ａについて」が通知されている（2020年7月16日）。なお、総務省のオンライン会議についての一覧をまとめたものとして、松田（2020）を参照。

　ここまで今回の新型コロナウィルス感染症を念頭に置いて議論を進めた。しかし、今後、より感染力や致死率の高い感染症のパンデミックも想定される。また、壊滅的な自然災害も同様である。その場合、ここで提起したウェブ議会を挿入することになる。ただし、壊滅的な破壊が生じた場合、専決処分の可能性もある。ウェブ議会の対応、専決処分の限定・承認の流れについては議会ＢＣＰなどで規定することになる。ともかく、危機状況にウェブ議会の活用に脚光が浴びた。自治を進めるためにどのような活用が考えられるか、冷静に判断したい。

6－4　危機状況下の定足数

危機状況を踏まえて、定足数の改正を考えよう。

本会議・委員会でも、定足数を充足して会議を進め（会派等で調整して、出席しない議員はネット中継で「観戦」）、表決や自ら発言する場合に議席に着座して参加することは運用で可能である。衆議院では、2020年4月10日以降（常会）の本会議と委員会では、会派の判断でよいことになっているが、定足数を確保しつつ採決以外では離席を認め、離席議員は議員会館等で中継を観て、採決時には議場に集まるようにした(6)。

同様な運用は地方議会でも行われている。静岡市議会の臨時会において（5月20～22日）、「議員の半数は別室のモニターで審議を見守り、採決の時だけ議場に入った」（「地方議会が「ノー密」審議、日程短縮や議員数制限…「住民の声届かぬ」懸念も」『読売新聞（オンライン）』2020年6月1日）

ただし、この運用は会派による議会運営が強い大規模議会では可能であるが、会派数が多かったり、政策会派とは呼べない場合には、困難である。

そこで、議事（開議）定足数を3分の1以上・議決（表決）定足数を2分の1以上にすることを議論してよい（自治法113の改正）。議決（表決）定足数を従来通り2分の1以上としていることには注意していただきたい。なお、国会では、「総議員の3分の1以上」が開議・表決定足数である（憲法56）。

かつて定足数を下げる提案があった際、筆者は「いま緊急に議論する意味があるのか。むしろ、全員出席することが前提である。出席しないことを善とするメッセージを送るべきではない」と述べたことがある。危機状況での議会運営として今後検討する必要もある。もちろん、定足数を下げても、議員の欠席を是認することではない。

6－5　危機状況下の選挙制度

議員も首長もその任期の終了前には、新たな選挙が行われる。危機状況であっても、そうである。感染拡大下の選挙では、開かれた選挙運動を模索する必要がある。投票日（期日前投票も含めて）には、投票用紙、鉛筆等の消毒、投票所の喚起等の準備が必要である。同時に、集会等の開催も抑制され、握手はできないといった選挙運動にも影響が出ている。

新型コロナウイルスによる緊急事態宣言の対象地域で行われた市区長選挙では、「60％で投票率最低に」なった（4月7日から25日まで）。投票率は一般に低下しているが（下げ止まりの傾向もみられる）、選挙戦となった15の選挙のうち11で、「投票率が前回を下回り、全体の60％にあたる9つの選挙では過去最低となった」(NHKニュース（2020年5月27日）、NEWS WEB（2020年5月27日5時39分))。下げ幅が最も大きく、前回から25ポイント余り下げた選挙もあった（富山県魚津市長選挙、4月19日）。また、岡山県倉敷市長選挙では前回と比べて11ポイント余り下げ、25.7％と低くなっている（4月26日）。ここまで急激なのは、やはり個人演説会、集会、握手といった「三密」が自粛によって作動できなかったことがその理由であろう。ネットを活用した政策競争が必要だ。公開討論会もZoom等の活用などで進める必要もある。

なお、選挙にも例外はある。災害などにより投票日に投票ができない、さらに別の日に投票を行う必要があることは公職選挙法に規定されている（繰延投票、公選法57①）。また、大震災にあたって、例外的に臨時特例法が制定されれば、延期が可能となる。阪神淡路大震災の場合「阪神・淡路大震災に伴う地方公共団体の議会の議員及び長の選挙日程等の臨時特例に関する法律」、東日本大震災の場合「平成23年東北地方太平洋沖地震にともなう地方公共団体の議会の議員及び長の選挙期日等の臨時特例に関する法律」に基づいて延期された地方選挙もある。

新型コロナウイルスの感染拡大にともない公明党は「地方選挙の延期を可能とする議員立法の検討に入った」(『朝日新聞』2020年4月10日付)。ただし、「選挙は民主主義の基本であり予定通り行う考え」もある(同、岸田文雄自民党政調会長)。

筆者は、行政機能が壊滅的打撃を受けていない以上、選挙日程は通常通り行うべきだと考えている。任期はまずもって民主主義の基本だからである。その上で、公平な選挙戦が可能になるさまざまな取り組みを模索すべきである。選挙運動の自粛等だけでは、新人は政策を打ち出す機会が制限され現職有利になる。

なお、現時点では行政機能が壊滅的打撃を受けていないとはいえ、そうなる場合も想定できる。しかも、国会が閉会中であれば、「臨時特例法」は制定できない。厳格な規定をおいた上で（たとえば、新型コロナウイルスに対応した特措法での非常事態宣言の特定地域に指定され長期に及ぶ可能性がある等の条件を付して）、特例法ではなく一般法に例外規定を挿入することも慎重に検討する時期に来ているかもしれない（今後、郵送投票や電子投票の議論も考慮することになる）。

注

(1) 危機状況の「危機」を冷静に判断し、「住民自治の根幹」としての議会を作動させること、その際通常状況下で培ってきた「議会からの政策サイクル」が有効であることを指摘している。議会活動は、「不要不急」ではないことも強調している。なお、危機状況では常に執行機関がいるのは異常だということも改めて確認した。そもそも議会は議員同士の集合体（執行機関を呼ばないことが第一義的）である。執行機関を呼ばないで審議すればよい。質問は目立つが、将来への個人的・会派の提言である。質問は重要であるが、危機状況では優先順位からすれば上位ではない。もちろん、危機状況下では議会としての提言は執行機関の施策を充実・豊富化する意味で重要である。

(2) 折しも、第32次地方制度調査会答申が出された（江藤2020）。新型コロナウイルスへの対応は視野に入っているものの、地方議会については、議員の兼業禁止（請負禁止）事項の緩和、および労働法制改革が法改正にいたる可能性がある。第32次地制調の動向とは別に、議員立法によって町村の長、及び議員の公営選挙の制度化（条例に基づき、供託金制度を導入し選挙候補者のポスター作製や街宣車にかかる経費を公費で負担する）が議員立法で提出されている（6月2日衆議院、8日参議院通過）。町村のみ公営選挙ははずされていた。この改正にあたって大きな役割を果たした自由民主党「選挙制度調査会」にも注目しておきたい。

(3) 通常状況での法改正も同時に考える必要がある。別途検討したい（全国市議会議長会（2018）、全国町村議会議長会（2018）、全国都道府県議会議長会（2020）、参照）。

(4) 筆者は、議会の政策法務として、議会への政策法務（議会基本条例等議会に関する政策法務）、議会による政策法務（議案審査、議員・委員会提案条例の政策能力としての政策法務）、とともに議会からの政策法務（各省庁や国会に対する意見書提出による法律改正を行う政策法務）を提唱している（江藤2011, 2019）。本章は、その中の「議会からの政策法務」に該当する。もちろん前二者の政策法務を作動させつつの提案となる。

(5) 国会においては、まさにオンライン化が必要だと思われる（議事堂の換気状況は格段によいとのことではあるが）。ただし、憲法上の定足数の出席を「議場にいる」ことを想定しているために、憲法が足枷となっているという議論もある「オンライン化　腰重い国会―憲法理由？一部議員提案も議論進まず―」『朝日新聞』2020年5月13日）。危機状況での国会運営の活用もあるが、閉会中に臨時会を招集せざるを得ないことを想定すれば、国家にウェブ議会の活用の議論を進める必要があると思われる。

(6) この「出席制限」には、議員の出席は責務という理由から反対意見もあった。参議院の本会議では、席を離すことで全議員が出席する方針を確認している（『朝日新聞』2020年4月10日付）。

参考文献

江藤俊昭（2011）「議会の政策法務――住民代表性や合議体という特性から考える」北村喜宣・山口道昭ほか編『自治体政策法務』有斐閣

江藤俊昭（2019）「『平成』の地方議会改革――２つの＜議会の政策法務＞から考える」『自治体法務研究』2019年冬号

江藤俊昭（2020）「議会改革の到達点から第32次地制調答申を読む――地方自治制度改革と地方議会改革の連動」『自治総研』2020年9月号（通巻503号）

松田健司（2020）「新型コロナウイルス感染症対策に係る地方公共団体における議会の委員会の開催方法について」『地方自治』2020年8月号（第873号）

吉田利宏（2020）「4月30日行政課長通知を読み解く」『議員NAVI』2020年5月9日

＊＊＊

全国市議会議長会（2018）『要望書』

全国町村議会議長会（2018）『議会の機能強化及び多様な人材を確保するための環境整備に関する重点要望』

全国都道府県議会議長会（2020）「今後の地方議会・議員のあり方に関する決議－地方議会が直面する喫緊の課題への対応－」

（江藤俊昭）

資料

総務省行政課長による通知ほか

【資料１：総務省「新型コロナウイルス感染症対策に係る地方公共団体における議会の開催方法について」】

総行行第１１７号
令和２年４月３０日

各都道府県総務部長
各都道府県議会事務局長
各指定都市総務局長
各指定都市議会事務局長
殿

総務省自治行政局行政課長
（公印省略）

新型コロナウイルス感染症対策に係る地方公共団体における議会の委員会の開催方法について

今般、新型コロナウイルス感染症への対策として、新型インフルエンザ等対策特別措置法（平成24年法律第31号）第32条第１項に基づく新型インフルエンザ等緊急事態宣言が発令され、各種のまん延防止策がとられているところです。

地方自治法（昭和22年法律第67号。以下「法」という。）においては、議会の委員会に関し、法に定めるもののほか、委員の選任その他委員会に関し必要な事項は、条例で定めることとされており（法第109条第９項）、普通地方公共団体の議会においては、条例の規定に基づき、委員会の適切な運用に取り組まれているものと承知しています。

この度、新型コロナウイルス感染症対策に係る地方公共団体における議会の委員会の開催方法について問い合わせがありましたので、参考のためお知らせします。

各都道府県総務部長におかれましては、貴都道府県内の市区町村（指定都市を除く。）の長及び議会の議長に対しても、本通知の周知をよろしくお願いします。

なお、地域の元気創造プラットフォームにおける調査・照会システムを通じて、各市区町村に対して、本通知についての情報提供を行っていること、及び本通知は法第245条の４第１項に基づく技術的な助言であることを申し添えます。

問　新型コロナウイルス感染症対策のため、委員会をいわゆるオンライン会議により開催することは差し支えないか。

答　議会の議員が委員会に出席することは不要不急の外出には当らないものと考えられるが、各団体の条例や会議規則等について必要に応じて改正等の措置を講じ、新型コロナウイルス感染症のまん延防止措置の観点等から委員会の開催場所への参集が困難と判断される実情がある場合に、映像と音声の送受信により相手の状態を相互に認識しながら通話をすることができる方法を活用することで委員会を開催することは差し支えないと考えられる。
その際には、現に会議室にいる状態と同様の環境をできる限り確保するため、議事の公開の要請への配慮、議員の本人確認や自由な意思表明の確保等に十分留意するとともに、情報セキュリティ対策を適切に講じる必要がある。
なお、法第113条及び法第116条第1項における本会議への「出席」については、現に議場にいることと解されているので、念のため申し添える。

＊その後、総務庁行政課長名で「新型コロナウイルス感染症対策に係る地方公共団体における議会の開催方法に関するQ＆Aについて」が通知された（同年7月16日）。合わせて参照されたい。

【資料2　早稲田大学マニフェスト研究所「オンライン本会議の実現に必要となる地方自治法改正を求める意見書（案）ver2」】
（http://www.maniken.jp/gikai/2019ikensyo_onlinegikai2.pdf）

オンライン本会議の実現に必要となる地方自治法改正を求める意見書（案）

今般の新型コロナウイルス感染症拡大に伴い、相当数の議員が隔離された場合においても、急を要する感染症対策議案の審議、議決が求められる事態が、現実のものとして想定されている。
定足数を満たす人数の議員が議場（招集場所）に参集出来ない状態でも、議案審議、表決などの議会運営方法が確立されていなければ、首長の専決処分を漫然と許すこととなり、議会不要論が増幅することは想像に難くない。
また、少子高齢化社会が到来する中で、育児や介護で容易に外出できない議員でも職責が果たせるよう、自宅から議案審議、表決に参画できる手段が、議員の多様性確保の観点からも求められよう。
世界的にも昨今の情報通信技術の発展とともに、既に英国議会ではオンライン議会を実用化している。
しかしながら我が国においては、地方自治法第１１３条及び第１１６条第１項における「出席」の概念は、現に議場にいることと解されているため、オンライン会議による本会議運営は現行法上困難とされている。
一方で、総務省は令和２年４月３０日付総行第１１７号で、委員会運営については地方議会における意思決定によってオンライン化は可能との見解を発出したが、本会議でのオンライン化ができなければ議会運営上の利点は限られる。

また、議会の意思形成過程である委員会審議においてオンライン化の有用性を認識しながら、本会議における導入を否定するところに合理性はない。

よって、国においては、非常時には地方議会の判断で、本会議運営をオンライン会議などの手段による遠隔審議・議決を可能とする、下記の主旨で地方自治法を改正するよう強く要請する。

記

1　地方議会における本会議の開催が、情報通信技術による仮想空間での議会審議への参加、表決の意思表示によっても可能となるよう、議事堂への参集または議場への出席が困難な場合には、会議規則により参集場所または出席場所の複数指定や変更ができる旨を地方自治法において明文化すること。

以上、地方自治法第９９条の規定により意見書を提出する。

令和　　年　　月　　日

○○議会議長　○○　○○

衆議院議長
参議院議長
内閣総理大臣
総務大臣

【資料３：全国都道府県議会議長会（2020）「今後の地方議会・議員のあり方に関する決議－地方議会が直面する喫緊の課題への対応－」】

<u>本会議及び委員会をオンライン会議により開催できるようにするとともに、議会のＩＣＴ化への取組を支援すること【地方自治法改正事項含む】</u>

新型コロナウイルス感染症や近年全国各地で頻発する大規模災害（地震、豪雨等）を巡る情勢、女性議員の出産・育児と議会活動の両立が求められている状況等に鑑み、迅速かつ柔軟な本会議及び委員会のあり方が求められている。こうしたことから、本会議及び委員会をオンライン会議により開催できるよう具体的に検討していくことが必要である。このため、地方自治法の定足数の規定や、表決のあり方を含めた運営方法等について検討の上、必要な制度改正を行うこと。

また、上記開催を実現する会議システムや通信環境の構築、議会と住民との双方向でやりとりができるオンライン会議システムの導入等、議会のＩＣＴ化への取組について技術的・財政的に支援を行うこと。

【資料４：第32次地方制度調査会「2040年頃から逆算し顕在化する諸課題に対応するために必要な地方行政体制のあり方等に関する答申」（抜粋）

第５　地方議会

３　今後の検討の方向性

今後生じる変化・課題に対応した持続可能な地域社会の実現に当たっては、住民の多様な意見を反映しながら合意形成を行う場となる議会の役割は一層重要になることから、議会制度や議会運営のあり方、議員に求められる役割及び多様な層の住民の参画について、今後とも幅広く検討を進めていく必要がある。その際、議会運営や住民参加の取組等におけるデジタル化への対応や団体規模に応じた議会のあり方についての新たな選択肢の提示等も含めて引き続き検討（第39回専門小委員会（2020年6月4日））すべきである。
（下線部は引用者注、議会におけるウェブの活用が議論され、追加された箇所）

終章

議論すべき骨太のテーマと手法
：「ビフォー・コロナ」に戻るべきではない！

(1)住民に問うテーマ──「ビフォー・コロナ」に戻るべきではない

今回は、危機の時代に議会が率先して議論すべき重要なテーマと手法を取り上げたい。議会は議員間、あるいは議員と首長等だけではなく、住民を巻き込んだ討議（討論）の場＝フォーラムだからである。とりわけ、大きな社会変動が生じる危機の時期には議会が積極的にテーマを投げかけて討議空間を創出する役割を担う必要がある。

筆者は、縮小社会へと向かう時代に新シビル・ミニマムを議論することを提唱している[(1)]。それと同時に、ウィズだろうがアフターだろうが、今後の地域社会は「ビフォー・新型コロナウイルス」に戻るべきではない。伝統に基づき新たな地域社会・価値を創造する。そのためには、多様な、したがって地域で分断化された住民の意見を集約し統合し地域の発展につなげる必要がある。どのような地域社会を創るか住民に問いかけよう。これらのテーマを議論して総合計画の改定につなげたい。

(2)新たな地域社会をテーマに

新シビル・ミニマムとともに、今後議論すべきもう一つのテーマが急浮上した。新型コロナウイルス感染拡大が落ち着いても、その社会はパンデミック以前の社会に戻るべきではない。「感染症を克服すること自体が人間社会の目的ではない。それを克服するのは、よりよい人間社会を創るためなのである」という言葉を噛みしめたい（神野2020：95）[(2)]。新シビル・ミニマムと、感染症拡大危機を踏まえた地域経営のテーマは相互に関連し、後者の議論は前者の議論を豊富化する。

パンデミックは、社会を大きく変えた。その多様な社会変動が議論される。日本では少なくとも、テレワーク、オンライン授業、オンライン会議（議会を含めて）、エッセンシャル（キー）・ワーク等の重要性の認識、田園回帰の兆候、秋入学の検討などが想定できる[3]。

その上で、新たな社会に向けた議論を開始する必要がある。今回の感染拡大は多くの住民に多大な被害を与えた。とりわけ、新自由主義の広がりが医療体制の弱体化を招いていたことが被害を大きくした。新自由主義の典型であるアメリカ合衆国では、貧困層の感染率・死亡率がともに高くなっている。社会・経済・政治システムの相違によって感染を拡大したり、逆に限定的にしている。「未知の感染症に襲われたから、『危機の時代』に陥ったのではない。憎悪と暴力が溢れ出し、世界の人々が 未来への言い知れぬ不安に脅えてい た『危機の時代』を、『コロナ危機』が襲った」という評価は重みがある(神野2020:88)。

今後の地域経営を考える場合、少なくとも四つの既に存在していた「危機」への反省を踏まえたい。一つは、東京一極集中、都市構造への反省で ある。東京一極集中、大都市人口集中は異常なことが明らかになった。テレワークの広がりは、すでに兆候が見られる移住・定住、二地点居住等、従来の居住パターンの変更の契機となっている。また、企業オフィス移転の兆候もある。

もう一つは、公務員削減や医療体制弱体化を引き起こした政治への反省である。「財政縮小・市場拡大」といった新自由主義が新型コロナウイルス感染拡大の一つの要因である。新自由主義の総括が求められる。既に日本では、第2次安倍内閣での財政出動は新自由主義とは呼べないかもしれない。今後の財政出動の方向が議論されなければならない。

第3に、県境を大きく越え張り巡らされた輸送網、また飲食業と農業者の連携といったように地域での産業連関形成が注目された。地産地消・産業連関の重要性の浮上である。

第4には、格差の拡大が明らかになった。人間と人間の接触の規制・統制により「社会的孤立」が生じて いる。もともと格差が拡大していたが、そこにコロナ危機が追い打ちをかけた。こうした中で、困窮者への食品配布(フードバンク、子どもサポート等)、飲食業の事前商品券購入等が広がっている。連帯(social solidarity)・社会的包摂(social in - clusion)・互酬(Reciprocity)の展開と軌を一にしている[4]。

これらの兆候を見据えつつ新たな 地域経営を探る必要がある。もちろん、「自粛警察」の登場や医療関係者への差別など、分断を強化する動きも生まれた。単純ではないことを承知でいえば、危機状況で住民自治・民主主義は強化される。たとえば、本連載で取り上げている議会の動向もある。また、図書館の多くは、感染拡大で閉館・利用制限をしていたが、予約本を貸し出す図書館もあった。日本図書館協会は感染防止のために、「来館者名簿の作成」といったガイドラインを作成しようとしたが、批判が多く「来館者の氏名と緊急連絡先を把握する」という「穏やかな表現」となった。借りた本、図書館の利用は、プライバシーにあたるとした「図書館の自由に関する宣言」（同協会）に抵触すると考えたからだ（朝日新聞2020年6月21日「社説」）。危機状況で住民自治・民主主義が鍛えられた一例だ。

こうした新たな兆候を見逃さず、ビフォー・コロナに戻さない気づき、運動、制度化をめぐる議論を巻き起こしたい。正答があるわけではない。まさに価値の相違を踏まえた議論となる。住民間での討議を活性化させる役割を議会や行政が担う。議会の存在意義は、討議であるがゆえに、住民と議員との、そして議員間での討議を積極的に行う。

少子高齢化とともに、感染症拡大の危機を念頭に、新たな地域社会の創造にむけた住民、議員、首長等の討議空間を創出するよい機会だ。

(3)「住民と歩む議会」でのオンライン活用

危機状況を踏まえて討議する主要なテーマを考えた。次に、その手法を模索しよう。従来の対面式とともに、新型コロナ危機対応において急激に広がったオンラインを積極的に活用したい（遠隔地間会議）。かなり前のオンライン会議の総括だが、オンラインを通じた市民の関わりは、多様な熟議の手法への「刺激的な追加要素」であるという指摘は今日でも有用である（ギャスティル＝レヴィーン2013：210）。e-デモクラシーといっても（日詰2012）、一堂に会する場での活用をイメージすることから今日は大きく転換している。しかも、Zoom

等の技術も進展し汎用性もある。

約20年前の議論でも「オンラインでの政策対話が一般聴衆を政府の公職者と結びつけることができ、双方に影響を与えることができる」という評価がある。一方で、参加者は「コミュニケーションがお互いを尊重した建設的なものだと感じており、議論されたトピックに関する他人の物の見方について多くのことを学び」、満足で将来も機会があれば参加したいと考えている。政治への関心や信頼度を高めている。他方で、「政府にも影響を与えている」。参加者のコメントは政策形成にとって重要な「問いを投げかけてくれた」し、計画の中にも活かされている（ギャスティル＝レヴィーン2013：203-204）。

危機状況で住民との対話（議会報告会等）を中止した議会もある。やむを得ない事情があるとはいえ、「住民と歩む議会」の創造を目指すのだから、代替手法を開発しなければならない。FAX、eメール、電話等を積極的に宣伝するとともに、住民と議員とのZoom等によるオンライン会議を運営することは重要だ。

危機状況下だけではなく、通常状況でもオンラインは活用できる。また、テーマ設定にもよるが、議案についての住民との懇談は議会開会中などで設定することも考えられる[5]。オンラインは、今日盛んに行われている議会間会議だけではなく、住民間、住民と議員間でも有用である。議会におけるオンライン活用は、議員間だけではない。オンラインの活用によって、「住民と歩む議会」のバージョンアップが可能だ。新たな地域社会の創造にこれらも積極的に活用したい。

（江藤俊昭）

注

(1) 松下圭一氏によって提唱されたシビル・ミニマムは、科学的な数値化によって導き出されるものではない。住民、議員・会派、首長等による討議による合意によって生み出されるものである。つまり、シビル・ミニマムは、討議による成果であり、マニフェストはその素材となる。新シビル・ミニマムは、この伝統を再生させるものである。ただし、行政主導で行ってきた討議を、討議がそのレーゾンデートル（存在意義）である議会が主体的に担うことに転換させている。

(2) 同時に、「否定的な未来になると信じれば、そうなる確率は高まり、肯定的な未来になると信じれば、そうなる確率は高まる」という言葉は「2040 年」を想定して危機を煽る提案を考える上でも逆説的として参考になる（神野2020：88）。

(3)「地域の未来予測」（32 次地制調答申）、人口ビジョン・地方版総合戦略は、これらの視点から策定する必要がある。それらと連動した総合計画の議会による議決の責任はますます重くなる。

(4) アメリカ合衆国ミネアポリスで黒人男性（ジョージ・フロイドさん）が、白人警察官に首を押さえつけら死亡したことに対する抗議活動が広がった（2020 年）。今回は白人の参加が目立つという、「格差や不公正に敏感な世代が育っている。しかも彼らが物心ついたときの大統領はオバマ氏。当時と今の政治の落差も実感している」（エディ・グロード教授の発言（沢村亙「『我がこと』を阻む　こころの垣根」『朝日新聞』2020 年6 月21 日））。

(5)「議員の参画を得るためには、タイミングが決定的に重要である」という指摘がある（ギャスティル＝レヴィーン2013（原著2005）：206）。そこでは、議会が忙しい時期は避けるべきだと指摘されている。しかし、議案にかかわることを住民と討議するのであれば、議会中の開催も必要である。

参考文献

ジョン・ギャスティル、ピーター・レヴィーン編（津富宏ほか監訳）（2013（原著2005））『熟議民主主義ハンドブック』現代人文社

神野直彦（2020）「『危機の時代』と財政の使命」『世界』2020 年7 月号

日詰幸一（2012）「ｅ-デモクラシー」篠原一編『討議デモクラシーの挑戦』岩波書店

おわりに

本年は、新型コロナウイルス感染症拡大だけではなく、豪雨災害・台風災害、地震災害などの自然災害が日本、さらに世界で広がっている。

新型コロナウイルス感染症拡大が広がる中で、マスコミから自治体の対応、とくに議会の対応への問い合わせが多くなった。2020年第1回定例会（3月議会）における議会の対応についてのコメントである。毎日のようにかかる電話やメールに応じながら、「住民自治の根幹」としての議会の対応の原則と運営の体系化を明示する必要があると考えた。

そこで、『議員NAVI』（第一法規）および『ガバナンス』（ぎょうせい）のそれぞれの編集担当の方と相談しながら、<緊急提言>として連載させていただいた。この視点は、筆者がさまざまな場で提起してきた議会改革（協働型議会、議会からの政策サイクル等）の応用である。『議員NAVI』の編集者からは、アクセス数が連続トップであることを告げられた。多くの読者が非常事態の議会の対応やその原則を熱望していることは理解できる。

その際、強調したことは（そして本著で指摘したことは）、少なくとも次のことである。

①議会活動は不要不急ではなく冷静に判断し行動できる必要緊急な活動：行政は対応にアップアップするとともに、場当たり的対応を行う首長もいる。議員が活動することは重要ではある。行政と対応する際には、個々バラバラに対応するのではなく議会として対応する必要がある。

②議会運営の再検討：一般質問は重要ではあるが、議案審査がより重要である。議案審査の際、首長等は出席せずとも審議可能であることを再確認すべきである。

③オンラインなどの活用は重要であるが、議会は「公開と討議」が原則：議員間の議会運営だけではなく、住民とのコミュニケーションを常に意識して新たな道具としての活用を模索する。

④非常事態への対応の制度化：災害対策基本条例制定、議会ＢＣＰ策定などの体系的な制度化を行い、恒常的に見直す。

このほか、マスコミへの周知の必要性もある。一般質問中止・傍聴中止ということが新聞の見出しで踊っていたが、中止か自粛の相違も、また一般質問の意味も理解できない記者も少ないとはいえない。記者への「啓蒙」は研究者だけではなく、議会の役割である。

その後、第2回定例会（6月議会）でも議会の対応に対してマスコミから同様に問い合わせがあった。感染症だけではなく、豪雨災害・地震災害への対応も日程に上っていた。また、台風災害への対応も考えていかなければならない。

この意味で、議会は感染症、自然災害への議会対応の原則と運営の体系化を考える必要に迫られている。阪神淡路大震災の際に芦屋市議会などの原則的対応はあったが広がらなかった。東日本大震災以降、非常事態への議会対応は徐々にではあれ整備されてきた。大津市議会は、その対応を議会基本条例に刻み込むとともに、議会ＢＣＰを策定している。可児市議会をはじめ議会ＢＣＰの策定は広がっている。感染症拡大を踏まえて、非常事態への議会対応の原則と運営の体系化の提示は地域民主主義を充実するためには不可欠である。

そこで、なんらかの貢献を考えていた。そのとき、非常事態の自治体の役割についての研究の第一人者であり、大津市議会をはじめいくつかの議会ＢＣＰ策定のアドバイスを行っている新川達郎さんと別件で話をしていた。その貢献の一つとして出版計画が浮上した。

二人で出版にあたって構成を考えるとともに、大幅な加筆修正を行った。感染症と自然災害を含めた非常事態への台頭に統合すること、そしてオンライン議会を含め新たな議会運への対応なども含めた。

新川さんと私は、廣瀬克哉（法政大学副学長）さんとともに、「議員力検定」の共同代表を担っていて、常に地域民主主義や議会改革について議論していた。その成果は本著でも活かされている。その意味でも、廣瀬さんに感謝したい。

こうした緊急出版を武内英晴公人の友社社長にお願いした。前回の緊急出版、江藤俊昭『議員のなり手不足問題の深刻化を乗り越えて』（2019年）の際にも、快諾（と思う？）していただけたからである。あらためて感謝したい。

本著の出版によって、「住民自治の根幹」として議会の対応が広がり、そして大変な事態にある住民の方々に新たな可能性の光が少しでも差し込めば幸いである。

2020年9月10日
江藤俊昭

【附記】

本著は、非常事態・緊急事態における議会・議員の対応を、住民自治の進化を念頭に起きつつ模索してきた。議会・議員だけではなく、住民・首長等という三者間関係から考えている。同時に注意していただきたいことは、非常事態・緊急事態における議会・議員の対応には、自治体内におけるこの三者間関係だけではなく、自治体議会・議員ネットワークを視野に入れることが必要である。本著でもこの点を指摘している。

新型コロナウイルス感染拡大では、議会・議員ネットワークが活用された。阪神淡路大震災では、ボランティア元年、東日本大震災では、自治体（行政）間連携元年といわれた。「元年」ではじめてこれらが作動したわけではなく、地道な努力が非常事態で脚光を浴びた。そして新型コロナウイルス感染拡大では、議会・議員ネットワーク元年ともいえるし、強調したい。

非常事態・緊急事態は、住民に大変な苦労を強い、社会に大変革を呼び起こした。この時期だからこそ、議会を作動させ、住民の苦労を少しでも軽減させる必要がある。地域民主主義、議会は試されているとともに鍛えられる。日常の議会の成熟度が問われている。

初出一覧

※転載にあたっては、表記の統一、データの更新、重機の整理等、所要の加除、補正を施してあることをお断りいたします。

序章（江藤俊昭）

「緊急提言3：「必要緊急」な議会活動――自治体と議会の役割の急浮上――」『ガバナンス』2020年7月号

「緊急提言2：危機状況に問われる議会改革のもう一歩――危機を通して議会イメージを転換させる――」『ガバナンス』2020年6月号

「【緊急提言】新型コロナウイルス 感染拡大に議会は どうかかわるか」『ガバナンス』2020年5月号

第1章（新川達郎）

「「防災計画」は私たちを守ることができるのか？」『政策最新キーワード』同志社大学政策学部ホームページ2016年8月 https://policy.doshisha.ac.jp/keyword/2016/0801.html

「災害対応、防災体制の制度と政府間関係―リスク・ガバナンスの観点から―」『日本行政学会報告 研究部会＜災害と科学技術－管理、制度、政策の視点から＞』2015年5月

「議会の危機管理（特集 議会ＢＣＰ（業務継続計画））」『地方議会人』48巻10号、2018年3月

第2章（江藤俊昭）

「新しい議会の教科書 第31回第32回 議会の危機管理：状況認識、フェーズの区分による対応、危機管理体系の確立（上）（下）」『議員NAVI』2020年5月11日、5月25日

「【緊急提言5】危機管理のガバナンス――議会ＢＣＰの論点――」『ガバナンス』2020年9月号

第3章（新川達郎）

「新型コロナウイルスと危機管理政策」『政策最新キーワード』同志社大学政策学部ホームページ 2020年4月 https://policy.doshisha.ac.jp/keyword/2020/0401.html

「災害対応とこれからの議会改革（特集 地方分権一括法施行20年：その成果と展望 議員・議会編）」『ガバナンス』229号、2020年5月
「議員研修講座 具体例から学ぶ地方財政の基礎知識（第12回・最終回）感染症対策と地方財政の役割」『地方議会人』誌 50巻12号, 2020年5月

第4章（新川達郎）
「自治体議会の業務継続計画（特集 自治体にとっての3・11：「これまで」と「これから」の復興）」『ガバナンス』143号、2013年　3月
「議会の危機管理（特集 議会ＢＣＰ（業務継続計画））」『地方議会人』48巻10号、2018年3月
「議会が政策力を発揮するために：大津市議会全国初の「議会ＢＣＰ」策定から見る政策検討会議の可能性（議員実力養成講座 進化する議会改革）」『議員NAVI』48号、2015年3月

第5章（新川達郎）
「市町村議会議員「災害に強い地域づくり特別セミナー」災害時における議会の役割」『アカデミア』113号,　2015年4月
「震災復興と地方議会人の役割：復興の3年を未来に結ぶ（特集 被災から3年：復興の取組み）」『地方議会人』44巻10号、2014年3月
『ガバナンス』131号「復興計画のガバナンス：東松島市の取り組みから（特集 復興へのガバナンス―東日本大震災と自治体）」新川 達郎　2011年7月
『地方議会人』誌43巻　10号「復旧・復興への議会人の役割：東日本大震災から（特集 惨禍から2年：被災地復興の現状）」新川達郎　2013年3月

第6章（江藤俊昭）
「危機状況に対応できる＜議会をめぐる法制度＞の活用と課題――地方分権一括法施行20年の節目に――」『議員NAVI』2020年6月15日

終章（江藤俊昭）
「【緊急提言4】議論すべき骨太のテーマと手法――「ビフォー・コロナに戻れ」ではない――」『ガバナンス』2020年8月号

著者略歴

新川　達郎（にいかわ・たつろう）

現職：同志社大学大学院総合政策科学研究科教授、政策学部教授

略歴：1950 年生まれ。早稲田大学大学院政治学研究科修了。（財）東京市政調査会研究員、東北学院大学法学部助教授、東北大学大学院情報科学研究科助教授などを経て 1999 年から同志社大学教授。

専攻：地方自治論、行政学、公共政策論

著書：主な編著共著に『政策学入門』（編著、法律文化社、2013 年）、『京都の地域力再生と協働の実践』（編著、法律文化社、2013 年）、『地域の自立は本当に可能か』（共著、学芸出版社、2014 年）、『持続可能な地域実現と大学の役割』（共著、日本評論社、2014 年）、『コミュニティ・デザイン論研究・読本』（共著、大阪ガスエネルギー文化研究所、2016 年）、『レイチェル・カーソンに学ぶ現代環境論』（共編著、法律文化社、2017 年）、『地域福祉政策論』（共編著、学文社、2019 年）

研究活動：日本公共政策学会会長、日本計画行政学会副会長、政治社会学会理事長、日本自治学会理事、日本行政学会理事などを歴任

社会活動：地方公共団体情報システム機構（J-LIS）代表委員、全国知事会専門研究員、関西広域連合協議会副会長、大阪府まち・ひと・しごと創生推進審議会委員長、LLP 議員力検定協会共同代表、一般社団法人東北圏地域づくりコンソーシアム代表理事、一般財団法人地域公共人材開発機構理事長などを歴任

江藤　俊昭（えとう・としあき）

山梨学院大学大学院研究科 / 法学部政治行政学科教授、博士（政治学、中央大学）
1956 年東京都生まれ、1986 年　中央大学大学院法学研究科博士後期課程満期退学
専攻：地域政治論・政治過程論
著書：主な単書に『議員のなり手不足問題の深刻化を乗り越えて』（公人の友社）『議会改革の第 2 ステージ―信頼される議会づくりへ』（ぎょうせい）『自治体議会学』（ぎょうせい）、『図解　地方議会改革』（学陽書房）。主な共著に『自治体議会の政策サイクル』（編著、公人の友社）『Q&A　地方議会改革の最前線』（編著、学陽書房、2015 年）。現在『ガバナンス』（ぎょうせい）、『議員 NAVI』（第一法規）連載中。
社会活動：鳥取県智頭町行財政改革審議会会長、山梨県経済財政会議委員、第 29 次・第 30 次地方制度調査会委員（内閣府）、「町村議会のあり方に関する研究会」構成員（総務省）、全国町村議会議長会「議員報酬等のあり方に関する研究会」委員長、等を歴任。現在、マニフェスト大賞審査委員、全国町村議会議長会特別表彰審査委員、全国市議会議長会 90 年史編纂委員会有識者会議座長、議会サポーター・アドバイザー（栗山町、芽室町、滝沢市、山陽小野田市）、地方自治研究機構評議委員、など。

非常事態・緊急事態と議会・議員
自治体議会は危機に対応できるのか

2020 年 10 月 26 日　第 1 版第 1 刷発行

著　者　　新川達郎／江藤俊昭
発行人　　武内英晴
発行所　　公人の友社
〒 112-0002　東京都文京区小石川 5-26-8
TEL 03-3811-5701　FAX 03-3811-5795
e-mail: info@koujinnotomo.com
http://koujinnotomo.com/
印刷所　　モリモト印刷株式会社

ISBN978-4-87555-850-7